JN152079

高橋 智
Takahashi Satoshi

盛岡藩 南部重直伝説

殿、江戸豆腐でございます。

盛岡出版コミュニティー

※本書は歴史的史料や説話を参考にフィクションとして著作したものです。

※南部藩の呼称もありますが、南部家を藩主家とする他藩との判別のため〝盛岡藩〟と表記します。

※盛岡藩主初代信直、二代利直、三代を重直……とします。

※史実では文化一四（1817）年一一月三日、南部三十六代利敬の時〝南部藩〟を〝盛岡藩〟と改称する旨を幕府に届け出ています。

この年に、

盛岡《もりおか》で〝豆腐《とうふ》〟が食べられていたのは本当だろうか……

発端は、この疑問からはじまりました。

蒼《あお》い布張りの上製本で、南部藩藩祖《なんぶはんはんそ》・南部光行《なんぶみつゆき》から第四十一代利恭《としゆき》までを編年体で記述した南部藩通史『南部史要《なんぶしよう》』〝第二十八世重直公《しげなお》〟の頁《ページ》に、盛岡で正保《しょうほう》三（1646）年一二月二〇日、酒と〝豆腐〟の価格を定めたことが記されています。

……正保三年……

十二月二〇日初めて領内の酒及び豆腐の価《か》を左の如く定む。

一、売酒唯今《ただいま》までは値段不同に商売士候米少く高値に候間上酒は代十文につき

三盃、中酒は十文に四盃売可申事

一、酒に水を入れ盃数を偽《いつわ》り中酒を上酒と中候て売買仕間敷事
一、酒売事買主見候所にて今度定め候升《ます》にて量《はか》り渡可申事
一、豆腐売買の事豆腐に念を入れ代二文一挺《ちょう》づつ売買可仕事
一、今度相定候箱にて売可申事　……

〝豆腐に念を入れ〟と記されていて、〝念を入れ〟とは、十分注意する。丁寧にする。手数をかける。心をこめる……この背景に存在した何かをこれが醸《かも》しているように思えました。

令和《れいわ》（2019年〜）という時代がはじまると、新型コロナウイルス感染症《かんせんしょう》が招《まね》いた危機的《ききてき》・厄災的《やくさいてき》な状況を体験し、これが収束《しゅうそく》して、多様な時代の世相背景をもとに岩手県《いわてけん》の県庁所在地である盛岡市《もりおかし》は『ニューヨーク・タイムズ紙』の報道により、思いがけず世界的に知られるようになります。

日本全国で盛岡は〝豆腐《とうふ》〟の購入額が例年上位に並ぶ街です。

市内の食品量販各店舗の豆腐売場は、製造発売元の別にはじまり、木綿豆《もめんどう》腐《ふ》、絹《きぬ》ごし豆腐《どうふ》はもちろん、品名もそれぞれに趣向が豊かで、容量、容器の違いも併せて、ソフト豆腐《どうふ》、充填豆腐《じゅうてんどうふ》、寄《よ》せ豆腐《どうふ》、おぼろ豆腐、絹ごし袋豆腐、焼き豆腐……。最近では商品開発されて、風味がついた豆腐など多種多様な商品が所狭《ところせま》しと並んでいます（一般的な四角い豆腐は昭和《しょうわ》四〇・1965年頃から容器包装による販売がはじまり、豆腐を買いに行く時に、鍋などを持参する姿は見られなくなりました）。

それらに加えて〝豆腐〟はその製造過程で、豆乳《とうにゅう》、湯葉《ゆば》、おからなどの副産物ができます。また、加工品としては油揚げ、生揚《なまあ》げ、がんもどき等もありますね。

盛岡市の広報紙（平成《へいせい》一九・2007年6月1日号）に、次の記事が掲載されました。

盛岡市は「豆腐消費量日本一」（［注］総務庁統計局「家計調査」）です。昭和《しょうわ》63（1988）年から平成《へいせい》16（2004）年まで、消費量が日本一から外《はず》れた年は平成13（2001）年だけです。

どれくらいの豆腐を食べているのかというと……平成16年の1年間に消費した量は一人当たり100・29丁《ちょう》。全国唯一3桁《けた》の消費量です。一丁は約300グラムなので、わたしたちは1年に約30キロの豆腐を食べていることになります。

豆腐の原料は大豆《だいず》。岩手県では主に「スズカリ」と「南部白目《なんぶしろめ》」が栽培《さいばい》されていますが「南部白目」は藩政《はんせい》時代から栽培され、特産品として大阪や京都などで取り引きされていました。最近では、玉山《たまやま》地区特産の「黒平《くろひら》大豆（通称・雁喰豆《がんくいまめ》）」を使った豆腐なども作られています。

この「雁食豆」は、ちょっと不思議な豆なんです。

盛岡市玉山区で栽培されている「雁喰豆」と呼ばれる在来系統の黒平豆は、表面に〝皺《しわ》〟ができる特徴があり、この皺があることによって、煮豆で嫌《きら》われる皮割れを防ぐことができるので、きれいに仕上がります。これは渡り鳥の〝雁《がん》〟が渋民《しぶたみ》で落とした一粒の種から芽吹いて育ったものと伝承《でんしょう》されています。よって、表面の皺模様は雁が嘴《くちばし》でつまんだ跡や、雁の爪跡《つめあと》だといわれていて、この皺は他の地域で栽培《さいばい》した場合には生じません。

そうか！　豆腐を作るには〝大豆《だいず》〟が必要ですね。

〝日本神話〟の『古事記《こじき》（和銅《わどう》五・７１２年・太安万侶《おおのやすまろ》編纂《へんさん》）』には〝大豆発生〟の説話が綴《つづ》られていて、速須佐之男命《はやすさのおのみこと》と大気津比売神《おおげつひめのかみ》（保食神《うけもちのかみ》）との出会いの場面は次のようなものです。

食物を大気津比売神に乞《こ》いたまいき、ここに大気津比売、鼻、口、及び尻より、種々《くさぐさ》の味物《ためつもの》を取り出でて、種々作り具《そな》えて、進《たてまつ》る時、速須佐之男命、其《そ》の態《しわざ》を立ち伺《うかが》いて穢汚《きたな》きもの奉進《たてまつ》ると以為《おもぼ》して、すなわち、其《そ》の大気津比売神を殺したまいき。故《か》れ殺さえたまえる神の身に生《うま》れる物は、頭に蚕生《かいこな》り、二つ目の稲種《たなしね》生り、二つの耳に粟《あわ》生り、鼻に小豆《あずき》生り、陰《ほと》に麦生り、尻に〝大豆《だいず》〟生りき。故《か》れ是に神産巣日御祖命《かみむすびみおやのみこと》、茲《これ》を取らしめて、種《たね》と成《な》したまいき……

この物語は、速須佐之男命が大気津比売神のところに行き、食物を乞《こ》うと、鼻や口やお尻からいろいろな食物を出し、料理をして速須佐之男命に薦《すす》めたので、この様子を見ていた速須佐之男命は、汚いものを食べさせる奴《やつ》だと思って怒って大気津比売神を殺してしまった。ところがその死骸《しかばね》からは、頭に蚕、目に稲のもみ、耳には粟、鼻には小豆ができ、陰部《いんぶ》には麦、お尻には大豆が生《な》っていたというものです。

これが穀物発生の由来で、『古事記』では神産巣日御祖命が、これらのものをとらせて種子にしました。大気津比売神は大餉作媛《おおげつひめ》、御倉板挙神《みくらだなのかみ》、保食神《うけもちのかみ》などと異《こと》なった名称でも呼ばれていますが、今日、伊勢《いせ》の皇大神宮《こうたいじんぐう》の外宮《げぐう》に祀《まつ》られている豊受大神《とようけのおおかみ》であり、天照大御神《あまてらすおおみかみ》の御饗《みあえ》の神です。豆《まめ》は、丸い実であるため「丸実《まるみ》」の転訛《てんか》したものであるということが『倭訓栞《わくんのしおり》』に書かれていますが、「麻米《まめ》」の字をあてることもあります。

大豆《だいず》の種類

大豆にはさまざまな種類があり、日本だけでも３００種類以上はあるといわれています。

① 黄大豆《きだいず》

生産量が一番多く、最も身近な大豆です。ほとんどの豆腐や味噌などの加工食品は、この黄大豆から作られています。

② 黒大豆《くろだいず》

おせち料理に黒豆として使われる大豆です。ノンカフェインのお茶・黒豆茶の原材料でもあります。

③ **青大豆《あおだいず》**

緑色のきな粉の原材料で、うぐいす餅、おはぎなどの和菓子に使われます。

④ **白大豆《しろだいず》**

黄大豆より白く、へその部分も白いのが白大豆です。しかし、純白ではなくやや黄色みがかっています。豆腐を作るのに最適なことで知られています。

これらは色から見た大豆の種類ですが、大豆はサイズもさまざまで大粒種、中粒種、小粒種とあり、大きさで使い道が変わってきます。大きい大豆は、主に煮豆に使用され、中くらいのものから小さいものは、味噌や豆腐、納豆などの加工品の原料に使われます。

大豆はこれまで約2000年以上前の弥生《やよい》時代初期に、中国から日本へ伝わってきたものと考えられていましたが、遺跡発掘により出土した土器の〝大《だい》豆圧痕《ずあっこん》〟から約5500年前の縄文《じょうもん》時代中期には、大豆の栽培が盛んだったことが明らかになり（平成《へいせい》一九・2007年、山梨県北杜市酒呑場《さけのみば》遺跡《いせき》「ダイズ土器」）、日本の大豆の自生種子も確認され、食料として1万数千年前から縄文人に食べられていました。大豆が広く栽培されはじめたのは鎌倉《かまくら》時代。この頃の日本では、肉食忌避《にくしょくきひ》の仏教が広まっていたため、味噌や納豆となる大豆は貴重なタンパク源でした。

「大豆は畑の肉」といわれますが、これは1873年（明治《めいじ》六年）にドイツで開催されたウィーン万国博覧会で大豆の栄養価が高く評価されたことにより広まりました。注目されたのは大豆のタンパク質量が、肉や魚に匹敵するほど含んでいたことです。一般に植物性のタンパク質は量や質が劣《おと》りますが、大豆タンパク質は肉や魚と同じように食べ物からしか摂取《せっしゅ》できない必須《ひっす》アミノ酸をバランスよく含む「良質のタンパク質」でもあったのです。

蒸《む》し大豆や、茹《ゆ》でたり、水煮などであれば肉類よりも脂質《ししつ》が少なく、低カロリーで、さらに不足しやすい食物繊維《しょくもつせんい》を含んでいる良さもあります。
つまり、大豆には私たちの身体に役立つ5大栄養素（炭水化物、タンパク質、脂質、ビタミン、ミネラル）がすべて含まれています。

大豆の加工品

①豆腐《とうふ》

大豆を水につけたものをすりつぶして出た絞《しぼ》り汁（豆乳）に、にがりを加えて固めたものです。木綿豆腐、絹ごし豆腐などがあります。

②納豆《なっとう》

大豆を納豆菌《なっとうきん》で発酵《はっこう》させて作られたものです。納豆のネバネバは納豆菌が大豆のタンパク質を分解してできたものです。

③醤油《しょうゆ》

大豆と小麦をもとにした麹《こうじ》に塩水を合わせ発酵、熟成《じゅくせい》させて作ります。

④ **味噌《みそ》**

大豆に麹《こうじ》と塩を加えて発酵・熟成させたものです。醤油と同じように麹菌とともに乳酸菌《にゅうさんきん》、酵母菌《こうぼきん》が働いて美味しい味噌ができます。

大豆に関連する習俗

大豆は伝統行事とも深い関係があります。

〈冬〉

・**1月 元旦《がんたん》**

おせちには「今年も〝まめ〟に暮らせるように」と願いを込め、煮豆（黒大豆）が入ります。

・**2月 節分《せつぶん》**

豆には病気や災《わざわ》いを滅《ほろぼ》ぼす力があるとされ、炒《い》り豆を鬼に投げつけて厄払《やくばら》いをする行事です。豆まきが終わったあとは、健康に過ごせることを願って、歳《とし》の数だけ豆を食べます。

・2月 豆占《まめうら》

節分の夕方に囲炉裏《いろり》で豆を焼いて、その焼け具合で各月の天候や豊凶《ほうきょう》を占う行事です。

〈春〉

・3月 桃《もも》の節句《せっく》

女の子の成長を祝う行事です。餅《もち》や大豆を炒《い》って甘く味付けした〝あられ〟がひな人形に供えられます。

〈夏〉

・8月 眠《ねむ》り流《なが》し

七夕行事のひとつとされ、旧暦の7月7日、夏の農作業中の睡魔《すいま》を追い払うため、大豆の葉で目をこすり、藁《わら》で作った人形などと川に流す風習がありました。この眠り流しが発展したものが現在、8月に行われる「青森ねぶた祭り」

や「秋田竿燈《かんとう》まつり」などといわれています。

〈秋〉

・10月 十三夜《じゅうさんや》

「十五夜」から約一カ月後の旧暦の9月13日の月を鑑賞《かんしょう》し、農作物の収穫《しゅうかく》に感謝を込めて行う日本独自の風習です。「豆名月《まめめいげつ》」とも言い、10月13日は「豆の日」にもなっています。

現在、食品量販店で扱われている豆腐に関する商品は、次のようなものです。

豆腐の種類

① **木綿豆腐（純木綿・普通豆腐）**

純木綿または普通豆腐と呼ばれている日本古来の豆腐。原料に対して10倍の水を加え、豆乳濃度6～8％、塩化マグネシウム（にがり）の凝固剤《ぎょうこざい》、硫酸《りゅうさん》カリウム（すまし粉）等を使用して凝固熟成後、荒《あら》し（崩《くず》し）と湯取りを行い成形、水切り、カット、水さらし、冷却したもので、製造設備が充分整備されていなかった時代には理想的な加工方法でした。大豆の蘞味《えぐみ》も除去《じょきょ》され、蛋白質《たんぱくしつ》の純度は食品としては最高レベルのもの。

現在も豆腐屋さんで造られる大方は純木綿豆腐です。

② ソフト木綿豆腐

現在販売されている木綿豆腐のほとんどがソフト木綿です。

ソフト木綿とは、豆乳濃度6～8％で凝固後の湯取りをせずに成形、水切り、カット、水さらし、冷却したものです。

戦時中に物資の不足で、塩化マグネシウム（にがり）が豆腐業者にまわらなくなったため、硫酸カルシウムが代用されました。この豆腐は、凝固剤で固まらず「ゆ」として分離していた栄養価のある大豆ホエイ成分が残り、カルシウムも多く含まれ、資源の有効利用となって当時たいへん重宝され、「健民豆腐《けんみんとうふ》」

と呼ばれました。

現在は当時と異なり、豆乳濃度は絹と同じく12〜13％と高く、凝固剤ににがりを使用した豆腐が主流となっています。表面に布目《ぬのめ》だけをつけた、内部が絹と同様な商品も出回り、本来の木綿豆腐とは異なりますが消費者に好評です。

③ 絹ごし豆腐

グルコノデルタラクトンの使用と同時に普及した豆腐で、硫酸カルシウムを併用して製造されていました。

ソフトさが消費者に好まれて一般的になったもので、豆乳濃度10％以上の豆乳と凝固剤を同じ成型箱に入れ、豆乳全体を一気に凝固させて熟成後カット、水さらし、包装《ほうそう》したものです。現在は豆乳濃度が13％以上の豆腐が増加しています。また、にがり100％の絹豆腐も乳化にがりの使用で安定した品質で製造されています。

グルコノデルタラクトンの使用開始以前は、腕のよい豆腐屋さんにより夏場に高級品として造られていました。

④ **充填《じゅうてん》豆腐**

豆乳を一旦《いったん》冷却し、豆乳に凝固剤を添加した後に包装容器に注入・密閉後に湯槽《ゆぶね》で加熱して、全体を絹ごし状に凝固させた水さらし工程のない豆腐で、深型トレイ形態のものを通常〝充填《じゅうてん》豆腐〟と呼んでいます。角型ポリエチレンのブロー成形容器を使用した豆腐はブロー豆腐、低圧ポリエチレンの袋を使用した断面が丸い豆腐は袋豆腐と、それぞれの形体により同じ充填豆腐の製法でも呼称が異なります。

近年ではプリン状のカップ容器、舟形トレイ、貝殻状《かいがらじょう》やアニメキャラクター容器を使用した豆腐も販売されています。

充填豆腐の製法は人手をかけずに1丁ずつ製造できるため、豆腐のなかでもっとも合理的であり、加熱時の殺菌《さっきん》効果により賞味期限を長く保つことができます。

昔は技術レベルの低い業者の製品に問題がありましたが、現在は製造技術の向上と機械設備の進歩で問題のない商品となり、消費者の支持を得ています。袋豆腐は、現在でも東北地方など比較的硬《かた》い木綿豆腐中心の需要《じゅよう》地域で製造販売されています。

⑤ **寄せ豆腐（おぼろ豆腐）**

豆乳を凝固させせた、そのままの状態の豆腐を容器に盛り付けた豆腐。

1980（昭和《しょうわ》55）年、岩手県盛岡市の豆腐企業が、どんぶり型の容器に温かい豆乳を入れて凝固させた豆腐（寄せ豆腐）を製造し、特許を取得しました。これは温かいままで販売したため保健所で問題を指摘されましたが、その後、寄せ豆腐・おぼろ豆腐として全国で販売が定着し、店頭の必須アイテムとなりました。現在でも安売り競争に巻き込まれず、販売単価が比較的維持されて、業界への貢献度《こうけんど》も高い商品となっています。

豆腐加工品

① 焼豆腐《やきどうふ》

木綿またはソフト木綿豆腐をよく水切りし、両面を適度に焼いたもの。すき焼きや正月料理、お祭りのお煮しめ需要がありますが、現在、夏場には店頭に置かない食品量販店が多くなっています。

② 生揚《なまあ》げ（関西では厚揚《あつあ》げ）

木綿またはソフト木綿豆腐をよく水切りし、約170℃前後の食用油中で揚げたもの。絹ごし豆腐を水切りしたソフトな絹生揚げが増加しています。でん粉や酵素を添加して、ぷりぷりの食感をもった生揚げも販売されています。

③ 油揚げ（機械揚げ）（関西ではうす揚げ）

濃度の薄い3～4％の豆乳を、塩化マグネシウム、または塩化カルシウムなどで凝固させ、成型、水切りした薄い生地を食用油中で揚げたもので、110～120℃前後（のばし）の低温部で膨張させ、160～170℃前後（からし）で張りをもたせたもの。油中式のため袋状になりやすく、寿司揚げまたは出し揚げとも呼ばれます。

④手揚げ油揚げ（手揚げ）

揚げる油の温度が低温と高温の2槽を使用し、手作業で箸《はし》または網《あみ》を使用して揚げたものが手揚げです。低温・高温とも生地が油に浮いた状態で揚げるため、製品は舟形に反っています。

⑤手揚げ風油揚げ（浮かし揚げ）

手揚げの工程を機械で行った製品で、油の上に浮いているため、浮かし揚げともいわれます。生地を反転させる回数が多いため、舟形になりません。

地方によっては、厚みがある厚揚げのような油揚げも製造されています。

⑥がんもどき

木綿豆腐を細かく切り、水にさらした後に脱水し、つなぎとして山芋《やまいも》等を使用し、にんじん・ごぼう・昆布《こんぶ》などの具材を入れ混練《こんれん》後《ご》、丸く成型し90℃～

110℃前後（のばし）と140～160℃（からし）の食用油中で揚げたもの。雁《がん》の肉に似ていることから、がんもどきと呼ばれます。

豆腐関連商品

①豆乳《とうにゅう》（豆腐屋の豆乳）

大豆から、水で溶解する成分を抽出した乳白色の液。豆腐に凝固する前の豆乳です。

②湯葉《ゆば》

豆乳を加熱した時に表面に張る蛋白質《たんぱくしつ》の膜《まく》。乾燥させた湯葉と、乾燥させない〝生湯葉〟や〝引き上げ湯葉〟などがあります。

③凍《こお》り豆腐

木綿豆腐を凍結《とうけつ》し、乾燥、脱水した保存食の豆腐。高野豆腐《こうやどうふ》ともいう。

④おから

豆腐製造時に豆乳を分離した、残りの繊維質《せんいしつ》を中心とした絞《しぼ》り粕《かす》。卯《う》の花・雪花菜《きらず》ともいう。栄養的に豆腐に劣《おと》りません。

⑤ **板豆腐《いたどうふ》**

豆腐を成型・脱水したままで水にさらさず販売している豆腐。日本では沖縄県のみ特例で常温販売が許可されている。白山堅豆腐《はくさんかたどうふ》など地方に残る縄《なわ》で縛《しば》れる硬《かた》さのものは板豆腐と同様の商品ですが、冷却して販売されています。

⑥ **干豆腐《かんとうふ》（中国・台湾）**

中国・台湾で食されている豆腐で、水分を60％くらいまで脱水した豆腐です。

⑦ **豆腐干糸《とうふがんす》（絲《いと》）（豆腐麺）**

薄く紙状に脱水した豆腐を細くそば状に千切りした豆腐のこと。国内でも生産する事業者が現れはじめ、日本食に取り入れた献立《こんだて》の紹介も増えています。

⑧ 発酵した豆腐

豆腐餻《よう》は、沖縄の島豆腐（普通の豆腐よりも固く塩味が付いた木綿豆腐）を泡盛《あわもり》と米麹《こめこうじ》、紅麹《べにこうじ》で発酵《はっこう》させた珍味《ちんみ》。

臭豆腐《しゅうどうふ》は、中国・台湾で食されている豆腐の〝くさや〟のようなもの。

豆腐と称しているが豆腐でない豆腐

① 玉子豆腐

鶏卵とだし汁を混合して容器に詰め、加熱凝固したもの。

② ごま豆腐

すりごまに葛《くず》を混ぜ、加熱しながらよく練り、加熱後成型箱に流し込んで冷却したもので、精進料理《しょうじんりょうり》として食されています。

③ 杏仁豆腐《あんにんどうふ》

中国の薬膳料理《やくぜんりょうり》で、牛乳にあんずの種の仁《じん》を粉にしたものを混ぜ、寒天やゼラチンで固めたもの。シロップなどをかけて食されています。

〝寄せ豆腐〟は、盛岡の企業が製造法の特許取得をしたことで〝発祥の地〟といわれたりしたんですね。

盛岡名物〝よせどうふ（寄せ豆腐・おぼろ豆腐）〟は、濃《こ》い豆乳をそのまま固めることで、口に含むと大豆本来の旨味《うまみ》が滑《なめ》らかさとともに溢《あふ》れます。

環境省選定（平成《へいせい》二〇・２００８年）平成の名水百選において、岩手県盛岡市では〝大慈清水《だいじしみず》・青龍水《せいりゅうすい》〟と〝中津川綱取《なかつがわつなとり》ダム下流〟が選出され、このような環境のきれいな水と出会った大豆は、豆腐に加工されて盛岡市民の暮らしに彩《いろど》りを添《そ》えています。

盛岡は、このような〝豆腐の街〟でもあるのです。

この盛岡に暮らしていて気付いたことは、〝豆腐にまつわる伝説〟が一体の〝お地蔵さん〟に秘められていることでした。

ところが、お地蔵さんは石造《いしづく》りで、その口からは何も語ってくれません。そのようなお地蔵さんを見つめていると、目の前に現れた〝豆腐伝説〟を時の流れに眠らせてはいけない思いが、ふつふつと湧きあがりました。

盛岡市内丸《うちまる》の官公庁街から北に1キロメートルほどの位置に北山寺院群《きたやまじいんぐん》があり、そのひとつに衆宝山法性院光臺寺《こうだいじ》という浄土宗の寺があります。山門《さんもん》を潜《くぐ》ると参道《さんどう》の右手には、黒い屋根瓦《やねがわら》に宝珠《ほうじゅ》を乗せた間口奥行《まぐちおくゆき》共に二軒ほどの御堂が建っていて、この中に大変背が高く見える石造で立像の地蔵尊《じぞうそん》が祀られています。御堂の正面に掲げられた扁額《へんがく》の文字は〝覚山地蔵尊《かくざんじぞうそん》〟。これが〝豆腐〟にまつわる伝説を纏《まと》ったお地蔵さんなのです。

仏教の信仰対象として地蔵尊は菩薩《ぼさつ》の一尊。大地のように広大な慈悲《じひ》で、生《せい》あるものすべてを救うとされ、釈迦《しゃか》が入滅《にゅうめつ》した後、弥勒菩薩《みろくぼさつ》が如来《にょらい》となって現れるまで、無仏《むぶつ》の五六億七千万年もの間、衆生《しゅじょう》を救済《きゅうさい》する仏様です。菩薩でありながら一般に僧形《そうぎょう》で、遍《あまね》く遊行《ゆぎょう》（行脚《あんぎゃ》）し、諸々《もろもろ》の悪を追い払う錫杖《しゃくじょう》を右手に握《にぎ》り、人々の願いが叶《かな》えられる如意宝珠《にょいほうじゅ》を左手に持つ、いわゆる宝珠錫杖地蔵の姿をしている〝覺山地蔵尊〟です。

地蔵菩薩真言　唵《おん》　訶訶訶《かかか》　尾娑摩曳《びさんまえい》　娑婆訶《そわか》

安山岩《あんざんがん》とみられる石造りの立像〝覺山地蔵尊《かくざんじぞうそん》〟は、コンクリート製の基礎の上に建てられていて、お姿は御堂の中から拝するため、全身を一目に納めることはできません。

堂内の床から地蔵尊の頭頂までの高さは約2メートル20センチで、地蔵尊の前に高さ1メートル程の祭壇があるため、普段見られるお姿は、腰から上の1メートル20センチ程です。床下を見ると、地面にコンクリートの基礎があり、その上に高さ30センチ、直径約45センチの敷茄子《しきなす》（蓮華台《れんげだい》の下になる花と茎の付根部を表した鼓型《つづみがた》のもの）があり、その上に高さ30センチ、直径約60センチの蓮華台が置かれています。敷茄子から頭頂までの全体の高さは約2メートル50センチもあり、地蔵尊本体の高さは約1メートル90センチ。体躯の横幅の最大値は約60センチ、奥行き（厚さ）は約40センチです。

盛岡市内に南部家に関係する石造地蔵尊は数体あり、〝花輪地蔵尊《はなわじぞうそん》（松子地蔵尊）〟と〝大智田中地蔵尊《だいちたなかじぞうそん》〟の御姿は二体とも座像《ざぞう》ですが、花輪地蔵尊の座高は約1・5メートル、大智田中地蔵尊の座高は1・58メートルです。この二体に比べて、立像といえどもこの覚山地蔵尊の背の高さは、南部家に関係した謂《い》われのある〝威厳《いげん》〟を感じる大きさです。

地蔵尊の体躯《たいく》の表面をよくみると、細かい鑿跡《のみあと》で丁寧《ていねい》に仕上げられていることが窺《うかが》えます。お顔の彫りは深くなく、微笑《ほほえ》みは感じられず、瞼《まぶた》を閉じているように見え、一文字の口元からは穏《おだ》やかな無表情にも見えます。

像の見えている範囲を真正面から拝すると、その彫刻の彫りは浅く、平面的に見えますが、お顔を横から拝すると、剃髪《ていはつ》した頭部と縁が太くて角をもたせた彫りの耳の大きさに圧倒《あっとう》され、胸から腹部における袈裟《けさ》と覆肩衣《ふげんえ》の前垂れ部分は思いのほか膨《ふく》らみがあり、右手の錫杖《しゃくじょう》と左手の宝珠《ほうじゅ》が前面に突出《とつしゅつ》しているわけですが、その両袖《りょうそで》から腹部に沿った彫りの深さが美しく、前方左右斜めから拝するとその様子がよくわかります。衣の襞《ひだ》の彫りも全体的には浅く見えますが、左右の袖の側面から背部にかけて見られる波打つ衣がとても美しく感じられます。床上から蓮華座があり、これに彫られた窪みに嵌め込まれる形で、横に広い長方形の角がとれた盤石《ばんじゃく》に地蔵尊が立っています。蓮華台のほぞ穴の周囲には、彫りは浅いながらも花托《かたく》（果托）が表現されている様子も見え、円形の側面周囲に花弁《かべん》の先端が交互になる形（魚鱗葺《ぎょりんぶ》き状《じょう》）で三段彫られています。そのすぐ下に、床下の位置になる敷茄子《しきなす》があり、この敷茄子の側面左右には牡丹《ぼたん》の花が刻まれていて意外性とともに華《はな》やかさを感じることができます。

また、前面から見た様子では、首元に若干のひび割れを確認していましたが、頭部（首）が胴体に嵌《は》め込まれている人形状の造りで、頭部から体躯をひとつの石から彫りだしたものではないことから、石仏としては大変独特で特殊な造りの地蔵尊であることが覗えます。残念なのは、左手に持つ宝珠の頭頂部が少し欠損しています。

昭和《しょうわ》三〇（1955）年頃、上田の覚山脇《かくざんわき》界隈から光台寺の境内に遷座《せんざ》しましたが、当時は伝説に倣《なら》って南向きに安置したものの、寺の駐車場確保の整備の際に現状の西向きの御堂になりました。

先に挙げました花輪地蔵尊《はなわじぞうそん》は盛岡藩主二代・南部利直《としなお》の側室《そくしつ》で、盛岡藩主四代・重信《しげのぶ》の実母となった花輪内膳政朝《はなわないぜんまさとも》の娘・松子を供養した地蔵尊で、法名は〝慈徳院殿松室琳貞大姉〟。寛永《かんえい》一五（1638）年七月一四日に死去、盛岡藩主十三代・南部利済《としただ》が花輪政寿《まさとし》の勧《すす》めによって東禅寺《とうぜんじ》にこの地蔵尊を造りました。

大智田中地蔵尊《だいちたなかじぞうそん》は盛岡藩主四代・重信《しげのぶ》の内室で、玉山六兵衛秀久《ひでひさ》の娘であり、盛岡藩主五代・行信《ゆきのぶ》の生母を供養した地蔵尊で、法名は〝大智院殿心月妙印大姉〟。寛文《かんぶん》一一（1671）年一〇月一四日、江戸藩邸で死去。享年五三。当初は東禅寺《とうぜんじ》門前の田圃《たんぼ》の中にあり、その場所が大智院殿の火葬場跡で、行信が母の二十四回忌の供養として元禄《げんろく》七（1694）年一〇月一四日に建立し、「田の中の地蔵さん」と呼ばれていましたが、大正《たいしょう》二（1913）年一〇月、四ツ家町《よつやちょう》に遷座《せんざ》されて「四ツ家の地蔵さん」として親しまれています。

光臺寺発行の栞《しおり》に記された〝光台寺縁起〟とともに〝覺山地蔵尊〟が秘めた説話は、次のようなものです。

『光台寺縁起』

羽前国（現・山形県）北村山郡東根町光台寺住僧・導蓮社良心故関大和尚（慶長《けいちょう》九・1604年一月五日遷化《せんげ》）が天正《てんしょう》元（1573）年二月、盛岡に移《い》

錫《しゃく》、念仏弘通《ねんぶつぐつう》、不来方《こずかた》城内に一宇を創立し、山号を写して衆宝山・法性院・光台寺と称す。専称寺（福島県いわき市、名越派、現在は消滅——浄土宗に統括）の末寺である。

盛岡藩主二代・南部利直公の奥方・於武《おたけ》の方が、江戸桜田の邸で寛文三（1663）年七月二十六日に逝去《せいきょ》され、嗣子《しし》・重直公はその菩提《ぼだい》を弔うため、光台寺住職・大阿一白和尚にかねてから深く帰依《きえ》されていたことにより、光台寺に葬り、霊廟《れいびょう》を建立、回向厳修《えこうげんしゅう》された（源秀院殿宝誉正玉大禪定尼）。

現堂宇の場所はその時に定められたもので、同年十一月、藩主より百五〇石を下禄《かろく》された。

『覚山地蔵尊由来』

昔、南部の殿様で辻斬《つじぎ》りをした方があった。

ある時、江戸の吉原《よしわら》の土手で辻斬りをしたところ、目付役に発見され、追われて、ある町の豆腐屋に逃げ込み難を逃れた。

殿様は、参勤《さんきん》が終わって帰盛の時、「もし困った時は、南部盛岡に来い」と話して別れた。

その後、豆腐屋は盛岡に来て、殿様から茅町《かやちょう》に家を貰《もら》い開業した。当地の大豆を用いて売り出したが、これが見事な旨い豆腐だったので、江戸豆腐と呼ばれ、城下の評判《ひょうばん》となって大繁盛《だいはんじょう》した。しかし、豆腐屋も寄る年波《としなみ》には勝てず、臨終《りんじゅう》に際し家族に「死後は南面《みなみおもて》にして葬《ほうむ》ってくれ」と遺言《ゆいごん》して他界《たかい》した。

殿様は不憫《ふびん》に思い、一体の地蔵尊を刻ませ墓所を設けて冥福《めいふく》を祈った。町の人々は参拝《さんぱい》に都合のよいように地蔵尊を通りに向けて安置したが、いつの間にか南を向くのだった。人々は豆腐屋さんが江戸生まれなので、その方角を慕《した》うのだろうと噂《うわさ》しあった。この故事《こじ》から豆腐をお供えして延命《えんめい》・安産《あんざん》・子育《しいく》地蔵尊として古来近在の信仰を集めている。

この〝南部の殿様〟とは誰なのでしょう？

『覚山地蔵尊由来』に類似《るいじ》した話があります。これは、横道に逸れた紹介に思えるかもしれませんが、興味深い相違性が感じられますので、掲載しておきます。『伽羅《きゃら》の下駄《げた》』という落語で、登場する殿様は盛岡藩の南隣、仙台藩三代藩主・伊達綱宗《だてつなむね》（寛永《かんえい》一七・1640〜正徳《しょうとく》元・1711）です。

豆腐屋の六さんが大家から呼ばれました。店賃《たなちん》の催促《さいそく》かと思いきや、大家は店を開けるのが遅いのは何故《なぜ》だと聞いてきます。

六さんは毎晩、大工の源公に誘われて吉原《よしわら》に冷やかしに行って遅くなり、朝寝坊《ねぼう》していたのでした。

大家さんは「豆腐屋は朝が早いのが決まりだ。豆腐が朝飯に間に合わなければ町内の連中も困る。早起きは三文の徳《とく》ともいうんだから、心を入れ替えなければ店立《たなだ》て（明け渡しを迫《せま》る）するぞ」と脅《おど》しました。

その晩は源公の誘いを断った六さん、翌朝はすっきりした早起きで、店の戸を少し開けて石臼《いしうす》で豆を挽《ひ》いていました。そこへ紫の頭巾《ずきん》を被った品の良いお武家様が水を飲ませてくれといってきました。

六さんは掘抜《ほりぬ》き井戸《いど》から冷たい水を汲《く》んで差し出すと、お武家様は美味しそうに一気に飲み干し、お代わりを所望しました。お武家様はあいにく金子の持ち合わせは無いのでと下駄《げた》を脱いで六さんに与え、代わりに汚《よご》れた草鞋《わらじ》を履《は》いて帰りました。

六さんは井戸の水じゃ銭《ぜに》にはならず「早起きなんて一文の徳《とく》にもならねぇ」とぼやきながら朝飯を食べはじめました。すると何処からか良い香りが漂《ただよ》ってきました。

土間に置いてあった下駄が竈《かまど》の火にあぶられて芳香《ほうこう》を放っているのです。何の下駄かわからぬ六さんは、大家の所へ持って行きました。

大家はこの下駄は吉原の三浦屋の高尾太夫《たかおだゆう》に通う仙台の殿様の「伽羅《きゃら》の下駄」で、片方でも一五〇両はくだらない値打ちものだというのです。三文の徳どころか三〇〇両の大徳にすっかり喜んだ六さんは「ゲタゲタゲタ」と大笑いしながら店に戻ってかみさんに「伽羅の下駄で三〇〇両だ」と話すと、こんな嬉《うれ》しいことはない「きゃらきゃらきゃら」と笑いました。

この伊達綱宗《だてつなむね》について、伊達家の『治家記録《じけきろく》』には「故あり逼塞《ひっそく》」とのみ記され、『徳川実紀《とくがわじつき》』では、酒色に溺れて家臣の意見に耳を傾けなかったことが逼塞の原因と記されています。

綱宗の次代、わずか二歳の長男・綱村《つなむら》が藩主となったことは、後の〝伊達騒動〟の起因になりますが、伊達騒動を題材にした読本や芝居に見られる、吉原三浦屋の高尾太夫《たかおだゆう》の身請《みう》けやつるし斬《ぎ》りなどは〝俗説〟とされています。

昭和《しょうわ》五六（1981）年から調査された綱宗の墓所〝善応殿《ぜんのうでん》〟の墓室内の甕《かめ》棺《かん》周辺からは、眼鏡《めがね》、煙管《きせる》、打刀《うちがたな》が発見され、甕棺内からは宝永小判《ほうえいこばん》一〇枚、文具類、化粧道具等一〇数点の副葬品《ふくそうひん》が発見されました。

盛岡の歴史を語る会編纂の『もりおか物語 第5集 上田かいわい』には〝覚山のお地蔵さんの由来〟が掲載《けいさい》されています。

もとは、上田の覚山脇《かくざんわき》にお地蔵さんがあった。このお地蔵さんには、こんないわれがある。

・・・

むかし、南部の殿様が江戸の町角に出て〝辻斬り《つじぎ》〟をした。そこを役人に見つかって逃げこんだところが、豆腐屋であったという。そこの豆腐屋のオヤジが殿さまをかくまってくれて、ようやく役人に捕《と》らえられずにすんだ。豆腐屋のオヤジに説教《せっきょう》された殿さまは後悔《こうかい》して、帰るとき「困《こま》ったときは南部にこい」といって別れた。

そののち、豆腐屋は殿さまを慕《した》って盛岡に来て、豆腐屋を開業した。南部産の大豆を使って、おいしい豆腐をつくったので、たいへん繁盛した。その豆腐屋のオヤジが死んだとき、殿さまは豆腐屋の恩《おん》にむくいるために、遺言どおりお城の方に南面するお地蔵さんを建てて安置した。これが覚山のお地蔵さんのいわれであるといい、ここのお地蔵さんはヤッコ豆腐が好物《こうぶつ》だという。
また一説によると、殿さまの暴挙《ぼうきょ》を見かねた忠臣《ちゅうしん》が、辻斬りに出掛けた殿さまの行方《ゆくえ》を見極《みきわ》め、非人《ひにん》に変装《へんそう》して行手《ゆくて》を彷徨《さまよ》い、斬《き》りかかる殿さまを逆襲《ぎゃくしゅう》して、かえって豆腐屋に追いつめて、さんざんに油を絞《しぼ》って懲《こ》らしめた話だということである。

頑求院《がんぐいん》

むかしここに頑求院という寺があり、光臺寺《こうだいじ》の末寺《まつじ》で浄土宗《じょうどしゅう》であった。世俗《せぞく》に、これを〝覚山《かくざん》〟といったという。

〝頑求院《がんぐいん》〟について『内史略《ないしりやく》　盛岡砂子《もりおかすなご》』では「頑求寺　光臺寺末　浄土宗　俗に此寺を呼て覚山と云　山号か又開基等の名にや」とあります。これでは〝院か寺か〟の違いはもとより、既《すで》に〝覚山〟の由来もわかりません。

考察すると〝頑求院〟と〝覚山〟の名称は、庶民が敬意や親しみによって〝頑求寺・頑求院〟を〝がんぐさん〟と呼称していましたが、時間の経過の転化《てんか》により〝がんぐさん〟から〝かくざん〟になり、寺の敷地にある地蔵尊を〝かくざん（の）地蔵さん〟と呼ぶようになったと思われます。

仏教用語では「すべてからの救済を欣求《ごんぐ》する」という言葉があり〝欣求〟と同じ音では〝勤求《ごんぐ》〟という用語も存在して、つとめて仏の教えを求めることの意味があります。これから〝ゴング〟が〝ガング〟に転化した可能性もあるかもしれません。

結局〝覺山《かくざん》〟の名称も何処《どこ》から発生したものなのかわかりません。

文字を考察すると「覚・覺」は「カク・おぼえる・さます・さめる・さとる・さとり」と読み、意味は「おぼえる。記憶する。気づく。「感覚」「錯覚」・さとす。さとる。道理を知る。「覚悟」「先覚」「本覚」・さめる。目をさます。「覚醒」とされますが、これに仏教的な意味合いを含め、地蔵尊が建立された理由と照らし合わせて〝山号《さんごう》〟ないし〝覚山〟が発生したと推察《すいさつ》します。

この、想像の範囲を超えない経緯《いきさつ》を略したとしても、寺跡の隣接地《りんせつち》に〝覚山《かくざん》脇《わき》〟という地名が残っていることは確証《かくしょう》しています。

『元文《げんぶん》盛岡城下図　元文三（1738）年』『寛延《かんえん》盛岡城下図　寛延二（1749）年頃』には、〝覺山地蔵尊〟が祀《まつ》られた敷地と思われる位置に〝上田万《うえだまん》日《にち》〟と記されています。

「万日」を調べてみると越後《えちご》（新潟県）地方にいた口寄巫女《くちよせみこ》のことで、秋山《あきやま》朋信《とものぶ》（古文辞学者）撰《せん》の『越後国長岡領風俗問状答書』によると、〝万日〟という者がおり、年長《た》けた寡婦《かふ》などが両部《りょうぶ》神道の神職や山伏についてその道を習い、湯立《ゆだて》、笹《ささ》はたきなどを行って、年の豊凶患難《ほうきょうかんなん》などの神託《しんたく》を語ったとありま す。盛岡界隈《かいわい》にも〝万日〟という者があり、「万日の取子《とりこ》」といって子供を名義上、万日の子供にしてもらうと丈夫に育つという俗言《ぞくげん》があります。万日という名称は彼女らが万日念仏の法会に関与したためといわれています。このことから時間の経過とともに覺山地蔵尊の延命・安産・子育信仰が伴ってきたものと推察されます。

先の説話に並んで掲載された〝口伝《くでん》〟は次のようなものです。

〝覚山のお地蔵さん〟があって、お堂の中サお地蔵さんが祀ってあったもンでがンすな。そして光台寺《こうだいじ》の承《うけたまわ》りだったんでがンすよ。

地蔵さんの所には柳の木があって、上田組町《うえだくみちょう》の方からも入れるし、上田小路《うえだこうじ》の方からも入れたもンで（角地の旗竿地《はたざおち》）、お祭りには人が集まり、太田《おおた》、前潟《まえがた》方面からもずいぶん来たもンだった。そして覚山の地蔵さんは豆腐好きだって、豆腐がうンと《たくさん》あがった《供えられた》もンでがンしたおンや。そこで豆腐屋から豆腐を買って、お地蔵さんサあげた《供えた》わけでがンすな。

むかしの豆腐はいまと違《ちが》って、朴木《ほおのき》の葉っぱサ包《つつ》んで藁《わら》ッコでギリッと結《ゆ》っつけて、提《さ》げて歩いてもぶっかれねェ（壊《こわ》れない・崩《くず》れない）がったもンで、黒石野《くろいしの》方面の人なんかは豆腐を買えばそうして持っていくもンでがンすけな。地蔵さんのお祭りの時には、在郷《ジェアご》の人だちが何かを持って拝《おが》みサくれば、お地蔵さんのお堂の中では豆腐汁を煮て食わせたもンだった。

それでも、地蔵さんサあがった豆腐があまって《余って》なんともならねェで、また裏口から豆腐屋サ持っていったなンていいあンしたよ。材木町《ざいもくちょう》の地蔵さんは酒買い地蔵、覚山の地蔵さんはツブ（赤子《あかご》）買い地蔵なンていって、安産のお地蔵さんだというもンで、うンとくる《来》し、大して盛《さが》ったもンでがンすよ。

むかし覚山の地蔵さんには、立花《たちばな》というご祈祷《きとう》をする守人《まもりと》がいたし、大橋《おおはし》裕仙《ゆうせん》という祈詞《のりと》をあげて火渡《ひわた》りをする人もいだったが、だんだんと守人もなにもなくなってしまったンでがンすな。そしてお祭りもなくなってしまったので、光台寺ではここを売ってお寺の脇《わき》サ新しくお堂を建てて、お地蔵さんを移しあンしたおンや。覚山の地蔵さんには、境内一反歩《いったんぶ》（約１０００平方メートル・３００坪）ばかりと田もあったからなッす。売ったあとで、家を建てるため掘ったところが、人骨がずいぶん出あンしたった。もとはそこがお寺だったものと見えあンすな。

また、光臺寺境内に覺山地蔵尊を祀《まつ》るお堂が落慶《らっけい》した昭和《しょうわ》三五（1960）年の口伝《くでん》は次のようなものです（『覚山の地蔵様由来記 北田耕夫』より）。

昔々南部の辻切殿様といってすごく怖《おそ》れられていた方があった。参勤交代があって江戸（今の東京）へ盛岡城から年々出向かれた。江戸では、歌舞伎《かぶき》（芝居）を見たり、吉原遊女町を見物したり、時には武勇のスリルを味わうため辻斬のわるいしぐさをやられたとの噂《うわさ》もあった。余《あま》りに斬り方が上手なので、斬られた人が、斬られたことを知らずに、二、三歩して首がガクリと落ちたということもあったそうだ。

ところがある時、悪事が江戸の目付役に発見され、追いつめられ、とうとう或《ある》町の豆腐屋に逃げ込んだ。目付役は厳重なる家宅捜索したにも拘《かか》わらず、遂《つい》に捕え得ずに帰った。それもその筈《はず》、唐櫃《からびつ》の中に八日間も隠《かく》れ、且《か》つ隠して貰《もら》っていたのであった。かくして九死に一生を得たという。殿様が参勤が終って盛岡城へ帰る時、豆腐屋さんに「お前さんのお蔭《かげ》で命が助かったのだから、一生忘れられないのだ。若《も》しもお前さんが困った場合は、この証文を持って私の処《ところ》へ訪ねて来て呉《く》れい。その際は、出来る丈《だけ》の世話をしてやるぞ」と話して別れた。

その後、月日は水の如く流れ、世は移り、人の身の上にも変動が常なく、豆腐屋さんの繁栄も永くは続かず、何時しか冷落《れいらく》して、乞食《こじき》となり流浪《るろう》の旅を重ね、はるばる盛岡までやって来た。そしてお城の殿様に面会しようと幾度となく訪れたが役人は相手にして呉《く》れず、それもその筈《はず》、乞食《こじき》姿ですもの。時には叱《しか》られ、どなられ、追い返されるのであった。思案《しあん》の末、証文を出して面会を強要した。さすがの役人も殿様に通さずにはいられなかった。殿様は証文を見て殊《こと》の外《ほか》お喜びで、身なりかまわず、お部屋に通して懐旧談《かいきゅうだん》に耽《ふけ》るのであった。お側近《そっきん》の人々は皆驚いて、気でもちがわれはしまいかとこそこそ噂する者もあった。段々とわけが知られて安心したそうである。「早速だがお前を士にとりたてゝやるがどうだ」と殿様はいわれた。「私はもともと職人ですから士になる考《かんがえ》はございません。身に覚えのある豆腐屋になりとうございますので、家でも頂戴《ちょうだい》できれば幸《さいわい》です」とお答えした。殿様は願《ねがい》を聞き入れて、今の茅町《かやちょう》飲食店近くに家を持たせた。当時、江戸豆腐で大変繁昌したという。然《しか》し寄る年波には勝てず、いよいよ臨終《りんじゅう》の床に就く。そして、家族や殿様にお願事を申した。「死後は南面にして葬《ほうむ》って下さい」殿様は可愛想に思って、その側に地蔵尊を造られて、安置し、その冥福《めいふく》を祈った。その場所は今の上田組町、煙草《たばこ》専売局の西通りである。町内の人々は通りに向け直すと拝むに都合がいゝと幾度と直すが、何時の間にやら南に向き直る。或《あ》る人の噂、それは地蔵さんは生れ故郷が江戸なのでその方向を慕《した》うためであろうと。ですから町内の人々はやっかい視して、手を放って、お世話もせず、お祭りさえ消えて、とうとう昭《しょう》和《わ》三十年頃、殿様と縁の深い光台寺に移され、なさけ深い和尚さんのお世話になり境内に安置されている。お盆やお年越に心ある人々に依ってお花が手向けられ、淋《さみ》しく北面している。何時の日か又《また》上田に迎えられる事を心から祈って止まない。

江戸豆腐に於《おい》てはおそらく盛岡で元祖であるまいか。

以上は北山の熊谷政吉（八十五才）から聞いた物語である。

昭和《しょうわ》三十五年一月廿一日（旧の十二月廿三日）光台寺の和尚さんの慈悲によって立派な堂宇を建設し、この日立派に落成式を挙げた。

覚山延命地蔵伝と新たに称えられ、御繁昌まことにお芽出度《めでた》い極みである。

このように、光臺寺《こうだいじ》の伝説については元《もと》になる〝頑求院《がんぐいん》〟の記録が無いこと、『もりおか物語』等に掲載の内容から、地元住民の記憶による伝承が主体であることを考慮すると、覺山地蔵尊の伝説そのものが口伝《くでん》によって話しやすいように、聞き手が理解しやすいように、または南部家に対する遠慮や忖度《そんたく》も交《まじ》えて簡略化《かんりゃくか》した可能性、さらには、時間の経過に伴って脚色や表現を追加や削除されてきたものが現在に至る説話であると考察します。

やはり、〝南部の殿様〟が誰なのかわかりませんね。

まずは、〝豆腐の発祥〟から紐解いてみましょう。

豆腐で最も親しまれているのは、何といっても冷奴《ひややっこ》・湯豆腐《ゆどうふ》でしょう。大きめの骰《さい》に切った豆腐を〝奴豆腐《やっこどうふ》〟といい、冷のままで食べるのを〝冷奴《ひややっこ》〟、茹《ゆ》でて食べるのを〝湯奴《ゆやっこ》〟と呼びます。湯奴には鰹節《かつおぶし》の溜油《たまり》をかけ、冷奴には生醤油《きじょうゆ》も用いますが、湯奴・冷奴ともに必ず卸大根《おろしだいこん》を加え、また青唐辛子・紫海苔《むらさきのり》(アサクサノリの別名)・山葵《わさび》・陳皮《ちんぴ》の類を加えて食べます。〝煮奴《にやっこ》〟は、鍋に鰹節をたっぷり敷き、醤油・味醂《みりん》等で甘辛く煮たものです。

〝奴《やっこ》〟の語源を調べてみると、〝やっこ〟はもともと、〝家《や》つ子《こ》〟と書き、武家に働く者の中でも低い身分の武家奉公人を蔑《さげす》むのときの呼び方だったそうです。そこに、しもべを表す〝奴〟という字をあてました。

彼らの中には〝槍持奴《やりもちやっこ》〟と呼ばれる役目の者もいました。槍持奴とは、大名行列のときに先頭で槍を持ったり、衣類などの日用品を箱に入れて棒を通した〝挟み箱《はさみばこ》〟を運ぶ人たちのことを指しています。

この者たちが着ていた半纏《はんてん》に描かれた紋（釘抜紋《くぎぬきもん》）から、食材を大きめの立方体に切ることを「奴に切る」というようになり、そこから四角の立方体に切った豆腐のことを「奴豆腐《やっこどうふ》」と呼ぶようになり、後に「冷奴」と呼ばれるようになりました。

〝豆腐〟の起源は諸説ありますが、16世紀（1601〜1700年）に編纂《へんさん》された『本草綱目《ほんぞうこうもく》』には、紀元前2世紀前漢《ぜんかん》時代の淮南王《わいなんおう》で優れた学者でもあった初代皇帝の孫・劉安《りゅうあん》によって発明され、部下に作らせたのが始まりとあります。

豆腐の原料となる大豆は、遅くとも紀元前2000年頃までには中国の広い範囲で栽培されていて、大豆加工食品は前漢時代の遺跡から出土しています。

その他、稲《いね》・小麦《こむぎ》・大麦《おおむぎ》・黍《きび》・栗《くり》・小豆《あずき》・麻《あさ》の実が納められていました。当時は稲の多様もみられ、籼稲《セントウ》・粳稲《コウトウ》、粳米《うるちまい》・糯米《もちごめ》、長粒・中粒・短粒が並存しており、穀類や豆類の生産性が盛んなことが窺《うかが》えます。

馬王堆漢墓《ばおうたいかんぼ》は前漢初期に、初代軑侯《たいこう》となった政治家・利蒼《りそう》とその妻子を葬る墓地です。彼の没年は記録によれば紀元前186年とされています。これに対し、劉安《りゅうあん》は紀元前179年から紀元前122年を生きた皇族です。出土した大豆は副葬品として利蒼埋葬時に納められたもので、利蒼と劉安の活動年代が史実通りであれば劉安が生きた時代に大豆が存在していたことになります。また中国古来の製造法では石膏《せっこう》（硫酸《りゅうさん》カルシウム）を粉末にして水に溶いたものを〝にがり〟の代わりに凝固剤《ぎょうこざい》としていました。劉安の製造法がそうなのかはわかりませんが、石膏自体は紀元前7000年の古代エジプトには存在しており、ペルシャ時代からギリシャ、ローマ時代へと加工技術は継承されます。ローマ帝国と前漢《ぜんかん》の前に栄えた秦《しん》がシルクロードを通して交流をしていたことから、石膏《せっこう》の伝播《でんぱ》は不思議ではありません。原料の観点から前漢時代に劉安が〝豆腐〟を開発することは十分に可能とみられます。しかし、〝豆腐〟が南宋以前に存在した形跡はなく、これらは伝説にすぎません。
朱子《しゅし》（朱熹《しゅき》の尊称）の豆腐詩に淮南王《わいなんおう》・劉安が〝豆腐〟を作ったと歌っています。朱子は１１３０年に生まれて活躍した儒学者《じゅがくしゃ》とされており、南宋《なんそう》は１１２７年に建国したことから、この伝説が既に南宋代初期から中期には存在していました。

起源の有力な一説は8～9世紀（７０１～９００年）にかけての唐代中期にあるといわれています。６世紀（５０１～６００年）の農書『斉民要術《せいみんようじゅつ》』には諸味《もろみ》や醤油についての記述はあるものの〝豆腐〟の記述がなく、文献上〝豆腐〟の語が現れるのは10世紀（９０１～１０００年）の『清異録《せいいろく》』からで、唐代には北方遊牧民族との交流によって、乳酪《にゅうらく》（ヨーグルト）や酪《らく》（バター）、蘇《そ》（濃縮乳）、乳腐《にゅうふ》（チーズ）の代用品として発明されたという説がありますが、大豆を水にふやかして、石臼《いしうす》で磨《す》り潰《つぶ》して煮たものの状態を腐熟《ふじゅく》の〝腐〟と表したのではないかという疑念《ぎねん》が残り、定かではありません。

豆腐づくりの要は苦汁《にがり》あるいは石膏を加えて凝固させる発想にあり、豆乳に味をつけるために〝塩〟を振りかけたことで、凝固作用が起こることに着目したものと推測され、当時の塩は粗塩《あらじお》でもあることから、不純物を含んでいることも幸いして製塩の副産物の〝苦汁《にがり》（凝固させる成分）〟に気付いたものと考察されます。

〝豆腐〟は南宋末期にかけて一般に普及し、明朝や清朝の時代になると〝豆腐〟の加工も盛んになります。今日の中国南部や香港《ほんこん》、台湾《たいわん》では滑《なめ》らかな〝豆腐〟を冷やして果密《シロップ》をかけ、小豆《あずき》や果物《くだもの》の具材を載《の》せて食べる甘味〝豆花《ドウホワ》〟も賞味されています。

日本への伝来も諸説ありますが、これを裏付ける証拠《しょうこ》がなく、どれも確実とはいえません。

〝豆腐〟は中国から日本に伝えられたとされていますが、その一説として、真言宗の開祖・空海《くうかい》が伝えたというものがあります。空海は平安時代初期の僧として著名ですが、延暦《えんりゃく》二三（804）年に正規の遣唐使《けんとうし》の留学僧として唐に渡りました。空海は官の許可なく農民から僧になった私度僧《しどそう》であり、国の使節であった留学僧に突如浮上したことは未だに謎です。この空海が唐へ渡った遣唐使一行には、天台宗を開いた最澄《さいちょう》や、橘逸勢《たちばなのはやなり》、のちに中国で三蔵法師《さんぞうほうし》の称号を贈られる霊仙《りょうせん》がいました。最澄はこの時期すでに天皇の護持僧《ごじそう》である内《ない》供奉十禅師《ぐぶじゅうぜんじ》の一人に任命されており、当時の仏教界に確固たる地位を築いていましたが、空海はまったく無名の一沙門《しゃもん》でした。同時期に宗派を開いていますが、はじまりは雲泥《うんでい》ほどの違いがありました。そのような空海は二〇年の留学期間を二年で切り上げ帰国したため、闕期《けつご》の罪にあたるとされて、二年間は入京を許されませんでしたが、最澄の尽力や支援もあり、入京した空海はやがて高野山《こうやさん》にて真言宗《しんごんしゅう》を開きます。そして、修行食に〝高野豆腐《こうやどうふ》〟を供しました。

空海は唐に渡り、都である長安に向かう途中、浙江省《せっこうしょう》の廿八都鎮《ニアンバドウ》という地に長期滞在したおり、滋養強壮《じょうきょうそう》の薬のひとつとして〝高野豆腐〟を供せられ、同時にその作り方も教わったと考察されます。これは〝高野豆腐〟が日本に伝来した最初の説話で、その後、深覚坊応其《しんかくぼうおうご》（木食応其《もくじきおうご》・天文《てんぶん》五・１５３６〜慶長《けいちょう》一三・１６０８）が高野山に伝わる高野豆腐の製法を発展させ、現在の高野豆腐に近い製法を確立しました。

　実際、日本で〝豆腐〟が登場する最も古い文献として寿永《じゅえい》二（１１８３）年正月二日、奈良春日若宮の神主、中臣祐重《なかとみのすけしげ》の日記の記事に、奉献御菜種のうち「春近唐符一種」というのがあり、翌年の正月二日には「則安唐符一種」という記載の「唐符」の文字が〝豆腐〟の宛字《あてじ》です。

　この五十余年後、日蓮《にちれん》上人が、故南条七郎五郎《なんじょうのしちろうごろう》の供養に贈られた品々への礼状として書いた手紙の中に「すりだうふ」という名称が出てきます。この「すりだうふ」は後世の『豆腐百珍』に出てくる「ひきずり豆腐」とは違うようで、何であるか判らないとされていましたが、すり鉢で豆腐をよくあたり、その中につくね芋をおろし入れて、つみいれのようにとって揚げた精進ものでにんじん・麻の実・ごぼう・糸昆布などの加料の入らないがんもどき（飛竜頭《ひりょうず》）のようなものと推定されます。

一三世紀頃の文献の中に、〝豆腐〟はこの程度しか出てきませんが、豆腐を崩して加工する技法が行われていたことは〝豆腐〟が相当広く普及していたことを意味するものと考察されます。

その後の鎌倉《かまくら》時代は史料的に空白で、室町初期の応永《おうえい》（１３９４〜１４１１）末年の作といわれる『海人藻芥《あまのもくず》』に記された禁中女房言葉として「豆腐はかべ…」と登場して、〝豆腐〟が都貴族の食品となり〝おかべ（豆腐が白壁に似ている様《さま》に敬語がついた）〟と呼ぶ女房言葉まで発生しました。また15世紀前期の『庭訓往来《ていくんおうらい》』には日常の料理として豆腐汁、豆腐糟《とうふかす》（おから）などがあげられています。

一条兼良《いちじょうかねよし》（１４０２〜１４８１）の『尺素往来《せきそおうらい》』には〝点心《てんしん》〟が記されて

いて、点心は食事の間に摂《と》る食物であり、万頭《まんじゅう》、羊羹《ようかん》、麺《めん》および〝豆腐〟が当てられ、点心の習俗は〝喫茶《きっさ》〟とともに広まった禅宗文化のひとつであり、この点心の用語に「元弘様……」とあることから、元弘《げんこう》は南朝年号（１３３１〜１３３３年）で、点心の風習がこの頃にはあったものとされます。

余談ですが、奈良の漢國《かんごう》神社内にある〝林神社《りんじんじゃ》〟は、我が国で唯一の饅頭《まんじゅう》の社《やしろ》です。林浄因《りんじょういん》は中国浙江省《せっこうしょう》の人で、詩人・林和靖《りんなせい》の末裔《まつえい》。貞和《じょうわ》五（１３４９）年に来日して漢國神社の社頭に住み、わが国最初の饅頭を作り好評を博しました。その後、足利将軍家を経て、ついには宮中に献上《けんじょう》するに至ります。例年四月一九日には菓祖神《かそじん》・林浄因命《りんじょういんのみこと》の偉業《いぎょう》を讃《たた》えるとともに、菓子業界の繁栄を祈願する〝饅頭まつり〟が執り行なわれ、全国から饅頭が献上されています。

史料的には空白の鎌倉時代に、〝豆腐〟は〝禅宗文化〟の一要素として普及したことが窺《うかが》えます。

豆腐の発祥地である中国でも、文献に〝豆腐〟の記事が現れるのは12世紀の南宋以降のことであるため、これより古い時代の遣唐使《けんとうし》による最澄や空海によって豆腐が日本へ伝えられることは不可能となるのです。

あれ！　すっかり〝遣唐使〟とばかり思っていたのですが、そうではなかったんですね。

春日大社の〝唐符《とうふ》〟の関連性を辿《たど》ると二人の僧、重源《ちょうげん》と栄西《えいさい》が浮かび上がります。

俊乗房重源《しゅんじょうぼうちょうげん》は、１１６７（仁安《にんあん》二）年入宋《そう》、栄西は翌年宋に渡り、共に仁安三（１１６８）年に帰国。『天台新註疏《てんだいしんちゅうそ》』を将来し、帰国後は奈良に在って建《けん》久元《きゅう》（１１９０）年に東大寺《とうだいじ》を再建しました。

明菴栄西《みょうあんえいさい》は１１８６（文治《ぶんじ》二）年に再び入宋して建久二（１１９１）年帰国し、京都に建仁寺《けんにんじ》を創建（建仁《けんにん》二・１２０２年）すると禅宗（臨済宗《りんざいしゅう》）の開祖となります。次いで源実朝《みなもとのさねとも》の請《せい》により鎌倉に寿福寺《じゅふくじ》を開き、宋から持ち帰った茶の種の栽培を広め『喫茶養生記《きっさようじょうき》』を著して、わが国の喫茶《きっさ》の元祖となりました。

以上の経緯《いきさつ》をみると、春日大社の〝唐符〟は年代や場所の考察を経て、伝来は重源《ちょうげん》の可能性が濃くなります。

栄西の没後（建保《けんぽう》三・１２１５年）、１２２３（貞応《じょうおう》四）年に入宋した道元《どうげん》は安貞元《あんていげん》（１２２７）年帰国後、京都深草に興聖寺《こうしょうじ》を開き、さらに（寛元《かんげん》二・１２４４）年に永平寺《えいへいじ》を開いて禅宗（曹洞宗《そうとうしゅう》）の始祖となります。その後、鎌倉では宋の高僧・蘭渓道隆《らんけいどうりゅう》が来日（寛元四・１２４６年）すると建長寺《けんちょうじ》を建立（建長《けんちょう》五・１２５３年）、さらに（弘安《こうあん》二・１２７９年）年に来日した無学祖《むがくそ》元《げん》は円覚寺《えんがくじ》を建立（弘安六・１２８３年）します。先の寿福寺と建長、円覚の両寺および浄智《じょうち》、浄妙《じょうみょう》の二寺を合わせて鎌倉五山と称されて、鎌倉に仏教の一大中心地が築かれました。

また、〝豆腐〟を製造する際に道具として必要な回転式〝石臼《いしうす》〟は、奈良時代の天平《てんぴょう》年間（710〜794年）に伝わりましたが、多くの寺社に普及して実際の〝製粉《せいふん》〟に用いられるのは鎌倉時代以降になります。この回転式石臼を本格的に使用したのは禅宗の寺院です。京都・東福寺《とうふくじ》にある聖一国師《しょういちこくし》（円爾《えんに》）が宋から持ち帰った『紙本墨書志那禅刹図式《しほんぼくしょしなぜんさつずしき》（寺伝大宋諸山図）』には水力で動く回転式石臼の設計図が〝茶〟や〝麺《めん》〟の文字とともに記されています。

禅宗寺院には多くの修行僧が食事の場とする〝食堂《じきどう》〟が建てられました。僧の食事は基本的に〝精進料理《しょうじんりょうり》〟で、重要な蛋白源《たんぱくげん》が〝大豆〟であり、これを製粉ないし製茶で使用していた回転式〝石臼〟を用いて、日常的に〝豆乳〟と〝豆腐〟を製造しはじめます。

鎌倉時代、喫茶と共に〝豆腐〟が点心の一品を担い、禅宗文化の要素となって普及したことは、栄西が先達した鎌倉五山が国内で〝豆腐〟がつくられる原点になったといえます。

このような修行の環境では外への伝播《でんぱ》が限られたため、曖昧《あいまい》な伝承になってしまったことが推察されますね。そんな時の流れに埋もれた歴史の欠片《かけら》でしょうか、鎌倉材木座には〝豆腐川《とうふがわ》〟が流れています。

また、豆腐とともに精進料理に利用されたのが、中国では豆腐皮《ドウフーピー》、油皮《イウピイ》と呼ばれる、豆乳を煮立てた時にできる上表面の薄皮を掬《すく》いとった〝湯葉《ゆば》〟で、これは京都で盛んに作られました。

室町《むろまち》時代は食文化の興隆期《こうりゅうき》で、多様な食品や料理が見られ『四条流庖丁書《しじょうりゅうほうちょうがき》』『大草家料理書《おおくさけりょうりしょ》』『庖丁聞書《ほうちょうききがき》』等の料理法を記した書物が編纂《へんさん》されます。その内容で〝豆腐〟は煮物、汁、油炒め、白和え等の様々な料理に利用され、寺院の多い奈良、京都、鎌倉でつくられていました。

建長寺の修行僧が作った「建長汁《けんちょうじる》」がなまり「けんちん汁」になったという説がありますが、その由来は明白ではありません。〝俗説《ぞくせつ》〟が一人歩きしたらしく、その説話は、鎌倉建長寺で大寄せの法要があった時に、豆腐料理を予定していたところ、人数が予定よりも増えたために窮《きゅう》し、豆腐をくずして他の野菜と焚《た》き合わせて汁にして出したのが受けて、建長寺汁と呼ばれ、のちにけんちん汁と訛《なま》ったという話もあります。このようにして、精進料理は仏事供養を通じて寺院の料理が次第に民間に普及していったもので、鎌倉時代の末には完全に庶民の食膳に上るようになっていました。

これが実際には、〝けんちん汁〟に〝巻繊汁《けんちんじる》〟の字をあてて、普茶料理《ふちゃりょうり》の〝巻繊《けんちん》(野菜を刻み、豆腐を混ぜて炒め、油揚げか湯葉で巻いて油で揚げた料理)〟と関連づけられています。

ほかに、〝田楽《でんがく》〟が登場するのもこの頃です。田楽とは豆腐を四角く切って串にさし、味噌を塗って焼いたもので、その形が田植えの際、豊作を願って舞う田楽舞の田楽法師の姿に似ていることからこの名がつきました。

そのように精進料理の普及に伴い、貴族社会や武家社会に伝わり、室町《むろまち》時代には全国的に浸透《しんとう》した〝豆腐〟が庶民の食べ物になるのは江戸時代です。初代将軍徳川家康《とくがわいえやす》や二代秀忠《ひでただ》が〝うどん〟や〝そば〟と共に製造を禁止し、農民が普段の生活の中でそれらを食することも許さない〝禁令《きんれい》〟を出します。それほどの贅沢品《ぜいたくひん》として江戸初期では扱われていたのです。三代家光《いえみつ》の時に出された『慶安御触書《けいあんのおふれがき》』でも〝豆腐〟は奢侈品《しゃしひん》として、農民に製造を禁止することが明記されていました。しかし家光の朝食には、豆腐の淡汁《うすづゆ》、さわさわ豆腐、いり豆腐、昼の膳にも擬似豆腐《ぎじとうふ》などが出されていて、贅沢品《ぜいたくひん》の独占《どくせん》が窺《うかが》えます。

それでも江戸の市中では庶民相手の豆腐屋が現れて、桶《おけ》を天秤棒《てんびんぼう》に提《さ》げ、肩に担《かつ》いで売り歩く姿も見られはじめ、豆腐料理専門店もできて、街道筋の宿場でも豆腐料理の看板が見えはじめます。

江戸の豆腐屋が使った〝苦汁《にがり》〟は、下総国行徳塩田《ぎょうとくえんでん》から供給されていました。江戸近郊の塩浜は行徳と川崎大師河原《だいしがわら》にありましたが、大師河原塩田《だいしがわらえんでん》で産出した苦塩（ニガリ）も行徳の業者が扱っています。豆腐料理を名物とした内陸部の京都や宿場町には、最寄りの製塩地から苦汁が運ばれました。

江戸中期になり、当時は〝木綿豆腐〟しかない中、元禄《げんろく》四（1691）年、江戸で初めて〝絹《きぬ》ごし豆腐《どうふ》〟を売り出したのが〝根ぎし 笹之雪《ささのゆき》〟です。玉屋忠兵衛（笹乃雪初代）が〝絹ごし豆富《とうふ》〟を発明。上野の宮様（百十一代後西天皇の親王）のお供をして京より江戸に移り、根岸に豆富茶屋を開きました。宮様はこの店の豆富をことのほか好まれ「笹の上に積もりし雪の如き美しさよ」と賞賛され、「笹乃雪」と名づけ、これを屋号としました。

そのように〝豆腐〟を用いた料理の種類が限られていた中、天明《てんめい》二（1782）年には一〇〇種類の豆腐料理を紹介した『豆腐百珍《とうふひゃくちん》』が刊行されて爆発的な人気を呼び、翌年『豆腐百珍続編』、翌々年『豆腐百珍余禄』が出版され、計三冊に渡り紹介された料理は約二四〇種です。

庶民の食卓にもようやく豆腐が出回るようになった頃も、製造は江戸や京都、大阪などの大都市に限られ、製造の禁止はされなくても、物価統制《ぶっかとうせい》の重要品目として奉行所から次第に厳しく管理されました。

そのため〝豆腐値段統制令《とうふねだんとうせいれい》〟に応じない豆腐屋は営業停止にされ、自由に売値を決めることが出来なくなります。それでも江戸での豆腐料理の評判は変わりません。江戸時代に作られた狂歌《きょうか》に「ほととぎす 自由自在に聞く里は酒屋に三里　豆腐屋に二里（江戸後期の狂言師、頭光《つむりのひかる》の作）」と詠《うた》うほど、豆腐屋は諸所《しょしょ》で営業していました。

江戸での〝豆腐値段統制令〟は享保《きょうほう》一五（１７３０）年を初見とし、寛政《かんせい》改革期には具体的な価格をあげて値下げが命じられています。たとえば寛政三（１７９１）年八月一六日には、豆腐一丁につき三八文、半丁につき一九文、小半丁につき一〇文とするよう通達されました。しかし、この一丁というのはどのくらいの大きさなのでしょう。蕎麦《そば》一杯が二八の一六文というのですから、一丁三八文は結構〝高価格〟のような気がします。

そこで天保《てんぽう》改革期に目を移すと、より具体的なことがわかります。天保一三（１８４２）年五月、物価引き下げ令の一環として豆腐は一丁四八文で販売するように申し付けられました。この価格はお上《かみ》の申し付け、背《そむ》くわけにはいかないのですが、少々切り方を変え小型化して販売するという者が現れます。そこで諸色掛《しょしきがかり》の名主たちは実態調査と豆腐屋からの聞き取りを実施しました。その結果、次のような実態が判明します（天保一四・1843年二月の記録）。

・豆腐は標準的には縦七寸（約21センチ）、横一尺八寸（約54センチ）、幅六寸（18センチ）の箱で製作し、これを九等分したものを一丁（挺《ちょう》）とすること。

・豆腐の製造経費は大豆代＋薪代＋苦塩泡消（にがり）代で、大部分が大豆原価であること。

・当時命じられていた四八文という価格ではほとんど利益が出ないこと。

こうした実情をふまえて、町奉行所では販売価格を五二文に上げることは認めつつ、大きさの規格は、

壱丁　縦七寸（約21センチ）　幅六寸（約18センチ）　厚二寸（約6センチ）

半丁　縦三寸五分（約10センチ）　幅六寸（約18センチ）　厚二寸（約6センチ）

小半丁　縦 三寸五分（約10センチ）　幅 三寸（約9センチ）　厚 二寸（約6センチ）

この通りとすることを申し渡しました。これを見ると今の豆腐の一丁は、江戸の豆腐の四分の一丁にあたる「小半丁」に近いということもわかってきます。これで、それまでの町奉行所の法令とは明らかに異なるレベルまで徹底された価格規制がなされました。

〝豆腐〟の行商販売は江戸時代からされていましたが、明治《めいじ》以降は関東地方の豆腐屋が、乗合馬車や鉄道馬車の往来により危険防止の為に鳴らす音が〝トーフー〟と聞こえ、ラッパを吹きながら売り歩くことが相乗効果をもたらして、庶民に愛され続けます。

しかし、手作業での製造には限界があり、大量生産ができないところに近代工業が発達して、〝豆腐〟の製造作業も機械化が進み、効率よく〝豆腐〟が大量生産でき、より安価で提供され、庶民の生活に根付く起因になりました。

現在、〝豆腐〟は非常に一般的な食品として、そのまま調味料をかけて食べられるほか、様々な料理に用いられています。健康食品やダイエット食品としても注目され、支持されています。これは日本国内だけではなく、20世紀末期以降のアメリカをはじめとする欧米諸国では、高カロリー・高脂質の動物性食品や嗜好《しこう》食品を多く摂る不健康な生活習慣への反省と健康的な食品への関心が高まることにより、魚や野菜をはじめとして低カロリーで脂質も少ない日本食が各地で流行します。その中でも〝豆腐〟は注目の的となり、欧米諸国の食料品店でも日常的に販売され、一般的な家庭でも食材として使用する姿が見られるようになりました。

また、〝豆腐〟を含む日本料理は平成《へいせい》二五（2013）年にユネスコの無形文化遺産に〝和食〟として登録されます。

もうひとつの豆腐伝来経路として、文禄《ぶんろく》・慶長《けいちょう》の役に出陣した土佐の長宗我《ちょうそか》部《べ》元親《もとちか》は、帰国の際に朴好仁《ぱくほいん》をはじめとする三〇人ほどの朝鮮人を連れて帰り、慶長《けいちょう》三（1598）年、浦戸《うらど》の城下に住まわせます。やがて徳川の治世に入ると、土佐の領主は山内一豊《やまうちかずとよ》になり、慶長一五（１６１０）年に高知城を築くと城下に唐人町《とうじんまち》を置き、ここで豆腐の製造関連を統括する〝豆腐座〟を設置して朴好仁《ぱくほいん》に管理させました。その後の豆腐製造も朴好仁の子孫の秋月家《あきづきけ》が独占し、座は六八軒以上設けてはならない命が下るほどに拡大して、江戸末期まで続きます。

現在の日本では〝豆腐〟の作り方に〝煮取り法〟と〝生取り法〟がありま す。一般的なのは〝煮取り法〟で、水に漬けてふやかした大豆を摺《す》りつぶした汁（呉汁《ごじる》）に水を加え、釜で煮る。煮上がったものを布袋《ぬのぶくろ》に入れ、絞った汁が豆乳です。豆乳に少量の苦汁《にがり》を添加して固めたものが豆腐で、呉汁を煮てから絞るので〝煮取り法〟。これに対して、呉汁を生のうちに漉《こ》して豆乳とおからに分けるのが〝生取り法〟。生取り法は現在でも中国、朝鮮、日本では沖縄、熊本、山口、石川、高知に伝わっており、これらの地域性から、いずれも朝鮮から伝来したと考察されます。

また、苦汁を使用せず、海水をそのまま凝固剤として使用する製法は、沖縄と石川県能登に伝承されています。

〝豆腐〟といえば〝京都〟とばかり思い込んでいましたが、日本の起源は仏教の伝来に関連して、しかも〝鎌倉〟とは思いもしませんでしたね。

さて、ここから謎の〝南部の殿様〟を探ってみることにしましょう。

鎌倉時代に芽生えた南部家の祖先は甲斐源氏《かいげんじ》。

始祖の新羅三郎義光《しんらさぶろうよしみつ》（源義光《みなもとのよしみつ》・大津三井寺新羅善神堂《おおつみいでらしんらぜんしんどう》で元服《げんぷく》）は後三年《ごさんねん》合戦（１０８３年・前九年《ぜんくねん》合戦の約二〇年後に起きた清原氏の内紛）で兄の義家《よしいえ》と共に名を馳《は》せ、その功により甲斐守《かいのかみ》に任ぜられました。義光の後裔《こうえい》にあたる光行《みつゆき》は、甲斐国《かいのくに》巨摩群《こまぐん》南部郷《なんぶごう》の地名から〝南部氏《なんぶし》〟を名乗りはじめます。

源頼朝《みなもとのよりとも》が平泉の藤原氏を滅ぼした際（奥州合戦・１１８９年）、光行は手柄を立て、奥州糠部《ぬかのぶ》五郡を賜りました。

伝承では、光行主従が鎌倉由比ヶ浜《かまくらゆいがはま》を出帆《しゅっぱん》し、八戸浦《はちのへのうら》に上陸したのは建久《けんきゅう》二（１１９１）年。六人の息子に恵まれ、長男の行朝《ゆきとも》は庶子《しょし》（正室ではない女性から誕生）でしたが一戸氏の祖となり（一戸行朝《いちのへゆきとも》）、次男の実光《さねみつ》が糠部《ぬかのぶ》の開発に努めて〝三戸南部《さんのへなんぶ》（南部宗家）〟の基礎を築き（南部実光《なんぶさねみつ》）、三男の実長《さねなが》は八戸《はちのへ》氏の祖（南部実長《なんぶさねなが》）、四男の朝清《ともきよ》は七戸《しちのへ》氏の祖（七戸朝清《しちのへともきよ》）、五男の宗清《むねきよ》は四戸《しのへ》氏の祖（四戸宗清《しのへむねきよ》）、六男の行連《ゆきつら》は九戸《くのへ》氏の祖（九戸行連《くのへゆきつら》）となりました。

三男の実長《さねなが》（波木井《はきい》実長）は日蓮宗《にちれんしゅう》に帰依《きえ》します。その子孫（四代）南部師《もろ》行《ゆき》は八戸に根城《ねじょう》を築き〝根城南部〟となりますが、鎌倉幕府が滅んで南北朝時代に入ると〝根城南部《ねじょうなんぶ》〟は南朝側につき、やがて〝八戸南部《はちのへなんぶ》〟と呼ばれるようになります。

室町時代から戦国時代にかけて南部宗家の拠点〝三戸南部〟は、そのような紆余曲折《うよきょくせつ》を経て盤石《ばんじゃく》なものとなり、天正《てんしょう》一〇（１５８２）年には三戸城《さんのへじょう》が南部信直《のぶなお》の居城となりました。

信直は織田信長と誼《よしみ》を通じる目論見《もくろみ》がありましたが、本能寺《ほんのうじ》の変により覆《くつがえ》され、次期に天下を取るのは豊臣秀吉《とよとみひでよし》と見極めて前田利家《まえだとしいえ》と盟約《めいやく》を交わし、天《てん》正《しょう》一八（1590）年、小田原参陣を果たしました。この時、秀吉から津軽領を除く南部内七郡を本領として安堵《あんど》する旨の朱印状を手にした信直。これを不服とした一族の重臣・九戸政実《くのへまさざね》が謀反《むほん》を起こし、信直の世子・利直《としなお》は京都の伏見城《ふしみじょう》で関白秀吉に謁見《えっけん》して援軍を要請。秀吉は豊臣秀次《とよとみひでつぐ》を総大将に蒲生氏《がもううじ》郷《さと》、浅野長政《あさのながまさ》、井伊直政《いいなおまさ》といった武将を派遣すると一〇万の大軍が押し寄せ、天正一九（1591）年、九戸城は陥落《かんらく》したのです。

南部氏には和賀《わが》、稗貫《ひえぬき》の二郡が加増、領地は南に拡大しましたが、三戸の位置が北に偏《かたよ》っていることが政策に不都合と判断して、不来方《こずかた》と呼ぶ地に居城を置く進言をしたのは浅野長政でした。信直は文禄《ぶんろく》の役《えき》（1592〜1593年）の時、九州備前名護屋《びぜんなごや》の陣で豊臣秀吉に謁見《えっけん》し、前田利家の力添えによって築城《ちくじょう》の許しを願い出ます。

慶長《けいちょう》二（１５９７）年三月六日、盛岡城の築城鍬初《くわはじ》めが行われると慶長三（１５９８）年、築城普請《ふしん》が正式に認可されて、建設工事に着手します。一説には、この起工式と同時に〝不来方《こずかた》〟の名を改め〝盛岡《もりおか》〟としました。

普請《ふしん》は度々発生する河川《かせん》の洪水に難航《なんこう》するも慶長四（１５９９）年に信直は、ほぼ完成した盛岡城に移りますが、療養先《りょうようさき》の福岡城《ふくおかじょう》（旧九戸城）で死去。利直は、その遺志を継いで治水《ちすい》を中心に城下町の普請を進めます。

慶長一四（１６０９）年、盛岡の中津川上之橋欄干《なかつがわかみのはしらんかん》に擬宝珠《ぎぼし》が輝きました。およそ四〇年の月日を要した築城も寛永《かんえい》一〇（１６３３）年、江戸生まれの南部家二十八代・盛岡三代藩主の南部重直《しげなお》が、正式に藩主の居城を〝盛岡城《もりおかじょう》〟と定めました。

南部家の歴史を顧《かえり》みると、このように〝三戸南部〟から〝盛岡南部〟へ移行して関ヶ原の戦いを迎えた時期は、戦国時代から安土桃山を経て徳川幕藩体制に突入するとともに〝江戸〟という都市が誕生した変遷期《へんせんき》に符合《ふごう》しています。

南部氏の拠点が盛岡となってから〝覺山地蔵尊伝説〟に一致《いっち》する南部の殿様というのは、盛岡藩主初代信直《のぶなお》以降、二代利直《としなお》、三代重直《しげなお》が妥当《だとう》な時代です。とくにこの重直《しげなお》は〝暴君《ぼうくん》〟であったと囁《ささや》かれる殿様で、これが〝辻斬り〟の行動とつながるのではと疑念《ぎねん》を抱《いだ》いてみました。

ちょっと！　既にこの本のタイトルに書いてあるじゃないですか。

〝南部重直〟って。あ、そうか。てへへ。

先に〝金鉱・産金〟の話を挟《はさ》みますが、これにより財政的にも豊かな盛岡藩の時代がはじまるのです。

慶長三《けいちょう》（１５９８）年春、北十左衛門信景《きたじゅうざえもんのぶかげ》が国境見聞《こっきょうけんぶん》として南部領の鹿角《かづの》郡石野村の白根山《しらねやま》に出向いた際、その地の農家が納めた山芋《やまいも》に〝砂金《さきん》〟が付着しているのを見極めると、翌年、尾去沢村《おさりざわ》五十枚山《ごじゅうまいやま》や真金山《まきやま》から〝金〟の埋《まい》蔵《ぞう》を確認。これが領内から〝金〟が産出した初めての出来事になります。

慶長四（1599）年、盛岡藩主初代・南部信直の命を受けた鉱山師、釜《かま》津田甚六《つだじんろく》が北の浦の大欠山に長さ約六間（12メートル）、巾約一間（2メートル）の隧道《すいどう》（鹿妻穴堰《かづまあなぜき》）を通して雫石川《しずくいしがわ》から分水し、水田耕作の発展を促しました（一説にこれは金鉱脈を探す目的がありました）。

慶長七（1602）年になると〝金《きん》〟の採掘《さいくつ》は盛んになり、南部藩は十左衛門を奉行に任命して、多数の坑夫を使役《しえき》。金山の麓《ふもと》には、京都や大坂の商人が噂を耳にして訪ね来ると両替、呉服、雑貨等の店舗を開き、遊女町までも普請が始まります。

利直はこの様子を幕府に伝え、家康に運上《うんじょう》として白根山で産出した金千枚、砂金五〇斤《きん》（一斤約600グラム）を献じましたが、家康は「大いに喜び早速の報告奇特なりとて運上の額全部を公に賜ふ」と、受け取りませんでした。

十左衛門は各地の商人と商談のうえ、京都《きょうと》、大坂《おおさか》、大津《おおつ》、堺《さかい》、伏見《ふしみ》、能代《のしろ》などに問屋を置いて移出を促《うなが》します。

諸国でもこの時ほど大量の金が産出した例はなく「富諸候に冠たりと伝へらる」と南部家の豊かさが噂《うわさ》されます。

現在その産金場所は「史跡 尾去沢鉱山《おさりざわこうざん》」として採掘跡が見学できる観光坑道となっています。

南部家二十八代、盛岡三代藩主・重直《しげなお》は、南部利直《なんぶとしなお》（南部家二十七代、盛岡二代藩主）の三男として慶長《けいちょう》一一（1606）年三月九日、江戸の桜田藩邸で生まれました。母は蒲生氏郷《がもううじさと》の養妹《ようも》・於武《おたけ》の方です。二兄は妾腹《しょうふく》のため世子《せいし》として幼名を権兵衛、長じて正直と称した後、重直と改めました。

於武の方が利直に嫁《とつ》いだ際、蒲生氏郷が用いた〝伝鯰尾兜《でんなまずおのかぶと》〟を持参します。これは全体が燕《つばめ》の尾の形状から燕尾形兜《えんびなりかぶと》とも呼ばれる変わり兜で、錣《しころ》と眉庇《まびさし》が鉄製のほかは皮に黒漆《くろうるし》を塗《ぬ》り、軽量に仕上げられています。

盛岡藩主二代・南部利直の四男であった利康《としやす》は、慶長一三（1608）年、三戸城内で生まれ、寛永《かんえい》三（1626）年八月に一族である南直義《みなみなおよし》の家を継いで浅水城主《あさみず》となり、五〇〇〇石を領しました。

三戸城内に邸宅を構えて常住し、利直の留守には代わって政務を執るなど、父・利直の期待は、世継ぎの重直よりも大きいものがありました。しかし寛永《かんえい》八（1631）年一一月二一日に病のため二四歳で逝去《せいきょ》。利直は早世した利康を悼《いた》み、霊屋《たまや》を建てて手厚く葬ります。

〝南部利康霊屋《なんぶとしやすたまや》〟の建築は漆塗《うるしぬ》りに極彩色《ごくさいしき》で鍍金金具《ときんかなぐ》を施《ほどこ》しており、この地方に伝えられた桃山様式による華麗な霊廟建築の一端を示す貴重な歴史遺産です。藩政期には利直霊屋とともに霊屋守が置かれて保護していました。昭和《しょうわ》二八（1953）年一一月一四日、国の重要文化財に指定。青森県三戸郡南部町福寿山三光寺《さんこうじ》所在。

慶長一四（1609）年一〇月、盛岡城下の中津川《なかつがわ》にはじめて架橋された上《かみ》之橋《のはし》は、京の加茂川橋《かもがわばし》を模した太鼓橋《たいこばし》で、欄干《らんかん》を飾る青銅製の擬宝珠《ぎぼし》にはいわれがあります。

南部家十二代遠江守政行《とおとうのかみまさゆき》が在京中、春先に鹿の鳴く声が聞こえ、凶事《きょうじ》の前《ぜん》兆《ちょう》と占《うらな》われたことにより「歌伏《うたぶ》せにせよ」との勅命《ちょくめい》に際し、政行は『春霞《はるがすみ》秋立つ霧《きり》にまがわねば思ひ忘れて鹿の啼《な》くらむ』と詠むと上聞《じょうぶん》に達して、褒美《ほうび》として在所に京の趣《おもむき》を写《うつ》すことが勅許《ちょっきょ》されました（後村上《ごむらかみ》天皇）。また、この時に併せて〝松風《まつかぜ》の硯《すずり》〟も賜《たまわ》っており、これは中国の咸陽宮《かんようきゅう》の屋根瓦を後世に細工して硯に仕立てたもの。琴《こと》に似た形をしており、全面に波模様が施され、上部には麒麟《きりん》が彫られています。平重衡《たいらのしげひら》が受戒《じゅかい》する時、法然《ほうねん》上人に布施《ふせ》として渡し、その後天皇のもとに召し上げられましたが、南部二十一代信義《のぶよし》は、平重衡が施物にしたことを〝不吉〟に思って連歌師の宗祇《そうぎ》に相談すると、硯の名を「松風（麒麟文硯 銘 松風）」にしました。

擬宝珠は元和《げんな》七（1621）年、鬼桝蔵人が八基を鋳造し、元和九（1623）年、三戸城下の熊原川《くまはらがわ》に架かる木金橋《きがねばし》（黄金橋《きがねばし》）に取り付けます（刻銘「三戸之町　木金橋　元和九年葵亥　五月吉日　造畢《ぞうひつ》　源朝臣利直代」）。これを利直が盛岡城下の中津川架橋に際して鋳直《いなお》しますが、盛岡の擬宝珠に鋳物師の名は刻まれておらず、これは南部氏が甲州《こうしゅう》を本拠とした時代から仕えていた有坂《ありさか》氏（初代は京都出身、七代のときに甲州に下り、明徳《めいとく》年間（1390～1394）に南部氏に仕えて陸奥《むつ》へ随行《ずいこう》し、十三代のときに盛岡に移住したと伝承）の手によるものと推定されています（刻銘「慶長十四己酉年　十月吉日　中津川上之橋　源朝臣利直」）。

慶長《けいちょう》一四（1609）年、上之橋に擬宝珠が設置されたこの年、利直に家康の一一男にあたる水戸頼房《みとよりふさ》の後見を命じられました。以後、盛岡と江戸を往来の際、水戸に必ず立ち寄っては頼房の消息を尋ねるようになり、幕府から南部家の信頼も篤《あつ》くなる一因となります。

慶長一六（1611）年、利直が江戸に赴《おもむ》いた際、途中の武州《ぶしゅう》において狩りの最中の徳川家康に出逢いました。利直は即座に駿馬《しゅんめ》及び逸鷹《それたか》を献上します。翌日、家康に従って岩槻《いわつき》で狩をすると、その岩槻の郷五箇村を南部の狩猟地として賜り、〝盛岡藩鷹場（武蔵国南部氏鷹場）〟となりました。

この年には盛岡城下の中津川《なかつがわ》に〝中之橋〟、慶長《けいちょう》一七（1612）年には〝下之橋〟が架橋されました。上之橋を含めたこれらの橋は時折の増水で落橋、流失を繰り返すと、擬宝珠は盛岡藩主四代重信《しげのぶ》みずから、藩境を超えて仙台藩までも探して戻したと伝えられています。寛文《かんぶん》（1661〜1673）と享保《きょうほう》（1716〜1736）年間にそれぞれ復元されていて、擬宝珠の大きさは最大径27・5〜29・3センチメートル、高さは62・0〜65・1センチメートルです。

盛岡藩主初代信直の意を継いで、二代利直の時、三戸から移転して不来方《こずかた》の地に御城を築き、盛岡の町がつくられましたが、永福寺《えいふくじ》も新しい城の鬼門《きもん》（丑寅《うしとら》・北東）の守護寺として、三戸から移されました。寺領八〇〇石、南部藩公の祈願寺、盛岡五山（永福寺、聖寿禅寺《しょうじゅぜんじ》、東禅寺《とうぜんじ》、報恩寺《ほうおんじ》、教浄寺《きょうじょうじ》）の筆頭寺院です。ここは四代藩主・重信《しげのぶ》の元禄《げんろく》の頃に七堂伽藍《しちどうがらん》が完成して、重信が永福寺を参詣した際、『幾春《いくはる》の華《はな》の恵《めぐ》みの露《つゆ》やこれ』と上の句を詠むと、住職の清珊法印《せいさんほういん》が、『宝《たから》の珠《たま》の盛《さか》る岡山《おかやま》』と下の句を返して、盛岡にちなむ連歌《れんが》が詠まれています。この〝宝の珠〟というのが、上之橋の擬宝珠を示しているんですね。

この地は当初「不来方《こずかた》」と呼ばれる地で、利直が御城の普請をはじめる御鍬立御祝儀《おんくわたてごしゅうぎ》の御酒宴の際、「この城を不来方というは心悪しき文字である。〝森ケ岡《もりがおか》〟と号せよ」と申されたことにより、不来方を改めて〝森ケ岡〟としましたが、さらにその後〝森岡《もりおか》〟と変更。さらには慶長《けいちょう》一一（1606）年の南部利直の〝算用状《さんようじょう》〟には〝盛岡〟の文字が見られるようになり、この頃から「盛岡」と記されはじめます。

慶長一七（1612）年一〇月二〇日、将軍徳川秀忠《ひでただ》は、桜田の南部藩邸で行われた茶会に臨みます。浅野長政の介添《かいぞえ》で、このとき七歳の重直が初めて将軍に謁し、公方様から〝新藤五国光《しんとうごくにみつ》〟の短刀を賜りました。

この年、思わぬ事件が起こります。

鹿角金山奉行の北十左衛門信景《きたじゅうざえもんのぶかげ》は、息子の十蔵《じゅうぞう》をたいへん寵愛《ちょうあい》していましたが、ある日、利直の朝餉《あさげ》に大豆程の小石が混じり、汁には大きな魚の骨が入っていたため、激怒した利直は側仕《そばづか》えの〝十蔵〟に料理人を討つよう命じました。まだ元服前の十蔵でしたが、上意に拒《こば》むことも出来ず、料理人を討って意を成《な》し遂《と》げましたが、自身も受けた傷がもとで亡くなりました。これに信景は嘆き悲しみ、一〇歳あまりの少年に命を下したことを怨《うら》むと、鹿角から帰って屋敷に引き籠《こも》り、剃髪《ていはつ》して出仕しません。これに利直は閉門を命じましたが、のち十左衛門は竊《ひそか》に鹿角に赴《おもむ》いて巨額の黄金を拐帯《かいたい》すると、大坂に出奔《しゅっぽん》しました。

北十左衛門は金山奉行として京・伏見《ふしみ》・大坂・駿府《すんぷ》・江戸の蔵にそれぞれ一二万両ずつの蓄《たくわ》えを置いており、大坂入城に際し、豊臣秀頼《とよとみひでより》に弓五〇〇張、金箔塗りで〝南部十左衛門信景〟と記した矢を一万本、堺《さかい》では鉄砲数百挺《ちょう》を造らせて持ち込むと信用を得、この戦が豊臣勝利で集結の際には、南部津軽の闕所《けっしょ》一〇万石を与えるという朱印状を握《にぎ》っていました。信景は夏の陣の戦において、派手な甲冑《かっちゅう》を身に纏《まと》って活躍し「南部の光武者《ひかりむしゃ》」と呼ばれます……。

慶長《けいちょう》一九（1614）年一〇月、南部利直は〝大坂冬の陣〟に際し、他の諸大名よりも参陣が大幅に遅れてしまいました。これに家康は激怒し、利直は軍列に加わることができません。困った利直は徳川本陣の前で諏訪部惣右衛門《すわべそううえもん》（諏訪部定久《すわべさだひさ》）に出逢い、その取り成しによって利直は軍列に参加することができました。それは、天下一品と知られる南部領の〝薫陸《くんろく》〟を戦場に持ち込むことは利直の嗜《たしな》みと、家康もその噂を聞いており、大変興味を示したため、惣右衛門は利直にその〝薫陸〟を家康に献上するよう助言したことで家康の機嫌《きげん》が晴れたのです。

後陣に従って一一月一五日山城の伏見城に至り、一六日、奈良・法隆寺にて家康の命により秀忠の軍に属して大坂に至れるが、戦始まるや城中より射る矢に〝南部十左衛門源信景〟と銘せるあり、秀忠怪しんで利直を詰《なじ》る、利直は家臣にして金山奉行たりしものに北十左衛門といへるあり、出奔《しゅっぽん》して行方知れず、惟《おもんみ》ふにこの者南部の姓を冒《おか》して城中に入れるものなるべく、何等異志《いし》なしと陳弁《ちんべん》し、一時の謹慎《きんしん》にて事解けたり。

一二月二〇日に大坂の和議が成ると、利直は将軍の命により片桐且元《かたぎりかつもと》の茨城城を破却《はきゃく》・接収《せっしゅう》することを命じられて任務を果たし、盛岡に帰りました。元和《げんな》元（1615）年五月、大坂の和議は破れ、豊臣は滅び、捕虜《ほりょ》の〝南部十左衛門信景〟が徳川から利直に引き渡されます。

十左衛門については、豊臣勝利の際、南部家の家名の存亡をかけて利直が密かに十左衛門を大坂方へ遣わしたとの説の噂もあります。しかし、利直は十左衛門の行為を憎《うら》み、盛岡にて監禁《かんきん》。処刑に際して自ら臨《のぞ》むと、手足の指一本ずつを斬り落とした後、射殺しました。

処刑場所には、俗称「帽子石《ぼうしいし》」と呼ばれ、元文《げんぶん》四（1739）年の道中記では〝坊主石《ぼうずいし》〟と記《しる》されていて、自然石で文字も刻んでいない墓石が建ち、藩の御巡見《ごじゅんけん》がある時は、倒し伏せ置いたと伝わります。明治《めいじ》四三（1910）年に墓石は倒れたままでしたが、近在の者が起こし立てて追弔会《ついちょうえ》を営《いとな》みました。

八月、東埔寨《カンボジア》（東南アジアの国・クメール帝国時代の寺院遺跡郡・アンコールワットの所在地）から徳川家康に前年献上された二頭の虎を南部利直が拝領しました。一説には〝乱菊丸《らんぎくまる》〟〝牡丹丸《ぼたんまる》〟と名付けられた雌雄《しゆう》でした。

何故、この時、利直に〝虎〟を授けたのか、家康に聞いてみたいですね。

元和二（1616）年四月一七日、駿府《すんぷ》において徳川家康没。享年七五。

元和四（1618）年正月二〇日のこと。南部利直が江戸城において〝御鷹之鶴料理〟を戴《いただ》きました。御礼を公方様《くぼうさま》に述べようとすると、徳川秀忠は徳川家康愛蔵の〝火縄銃《ひなわじゅう》〟を直接手渡しで利直に与えます。これは元和三（1617）年の冬に、秀忠は利直も御供させて鷹狩りを行った際、利直が献上した〝鷹《たか》〟が見事に〝鶴《つる》〟を捕らえたため、褒美《ほうび》として〝御鷹〟が捕らえた〝鶴御料理〟を振る舞ったうえに〝火縄銃《ひなわじゅう》（銘 差取棹《さしとりざお》・一夢《いちむ》 清治作　安土桃山時代〟が与えられたのです。これをそのまま持ち歩くには差《さ》し障《さわ》りがあるとして、同時に〝猩々緋《しょうじょうひ》〟の〝鉄砲袋〟もいただきました。利直は江戸城内で、嬉《うれ》しさのあまり鉄砲を両手に高く掲《かか》げると狂喜乱舞《きょうきらんぶ》しています。以後、南部家の参勤における大名行列では、葛飾北斎《かつしかほくさい》の浮世絵『富嶽三十六景《ふがくさんじゅうろっけい》』の〝従千住花街眺望ノ不二《せんじゅはなまちよりちょうぼうのふじ》〟に描《えが》かれているように、猩々緋《しょうじょうひ》の鞘袋《さやぶくろ》を被せた鉄砲を持つ隊列が見られるようになりました。

拝領した火縄銃の「差取棹」の名の由来は明確ではありませんが、通常の前装式火縄銃と比較して銃身が長く、遠射の特徴を示しており、鳥を捕らえるために先端に鳥もちを塗った刺捕竿《さしとりざお》を意味して、鳥狩猟する目的の命名と考察されます。花押とともに記された〝一夢〟は江戸時代前期の砲術家で稲富流砲術の祖〝稲富祐直《いなとみすけなお》（稲留祐直《いなどめすけなお》）〟で剃髪後の号。各地の大名に砲術を伝授しており、江戸幕府の砲術方でもありました。

〝鶴御料理〟の一例として、〝鶴《つる》の味噌汁《みそしる》〟は、出汁《だし》に骨を入れ煎《せん》じ、味噌を加えて仕立てるもので、味噌を加える加減が大事。つま（添え物）は、その時節に応じたものがよい。茸《きのこ》はたくさん入れてよい。筋（軸か？）をそのままにしておく。吸い口（吸い物に添えて香気を加えるもの）には山葵《わさび》、柚子《ゆず》。また、初めから中味噌（赤味噌と白味噌の間、あるいは中程度の濃さという意か？）で仕立てる。すまし汁にしたりもすると伝えられています。

戦国武将の間で〝鷹狩《たかがり》〟が広まり、とくに徳川家康が〝鷹狩〟を好んだのは有名で、東照宮御影の礼拝用肖像画にも〝白鷹《しらたか》〟が描かれています。

家康は鷹狩を気分転換の遊芸《ゆうげい》にとどめず、身体を鍛える一法とみなし、内臓の働きを促《うなが》して快食・快眠を資する確たる養生法《ようじょうほう》と捉《とら》えていました。

家康には伊部勘右衛門《いべかんうえもん》を組頭とする鷹匠組《たかじょうぐみ》の側近が付き、側近《そっきん》の本多正信《ほんだまさのぶ》も鷹匠でした（伊部勘右衛門は老齢になると褒美として安倍川町の遊郭支配の特権を与えられます。鷹匠は家康の鷹狩に絶えず同行しており、身辺の秘密情報にも接していたため鷹匠の屋敷には忍者《にんじゃ》も出入りしていました）。

代々の徳川将軍は鷹狩りを好み、とくに三代家光は将軍在職中に数百回も鷹を野山に放って狩猟《しゅりょう》をしていますが、専用の鷹場を整備して〝鳥見《とりみ》〟を置き、江戸城二の丸に鷹を飼う〝鷹坊《ようぼう》（鷹匠の官舎）〟を設置するなどしています。

将軍家と大名家の間では鷹や鷹狩の獲物の贈答が頻繁《ひんぱん》に行われ、これらの献上や拝領は家格に従って品数が定着するまでに至ります。参勤交代で江戸に居る諸大名に対しては、江戸近郊に拝借鷹場《はいしゃくたかば》を定め、鷹狩することを許可しました。

奥羽地方は名鷹《めいよう》の産地で、盛岡藩は江戸中期（1750年頃）に幕府に鷹を献上していた一〇藩（松前・盛岡・弘前・秋田・仙台・新庄・米沢・松本・長岡・松前）のひとつでした。国立公文書館所蔵『諸国鷹出所地名』には、盛岡藩内の産地が七三箇所も掲載されています。

盛岡藩は「時献上《ときけんじょう》」と呼ばれる、鷹を定期的に幕府に献上する役割を担っていました。17世紀後半には、一年間に若黄鷹《わかきだか》（その年に生まれた大鷹）を一四

〜五居《すえ》、巣鷹《すだか》(巣立ち前の幼鳥)を一六〜七居献上しています。ほかに鶴《つる》・ヒシクイ・白鳥・雉《きじ》などを献上しており、雉を除く三種は「献上三鳥」と呼ばれました。

17世紀は、軍事的な意味も含めて将軍や諸大名も盛んに鷹狩をしたので、鷹の需要も高く、毎年のように幕府の「公儀御鷹師衆《こうぎおんたかししゅう》」が盛岡に派遣されたり、名鷹を求めて諸大名の鷹匠も盛岡を訪れています。

盛岡二代藩主・重直は正保《しょうほう》四(1647)〜慶安《けいあん》元(1648)年の一年だけで三八回の鷹狩をしたことが『雑書《ざっしょ》』に記されています。主な鷹場は日帰りできる城下周辺が多いものの、寛文《かんぶん》四(1664)の八戸藩分立以前には、藩北部の八戸周辺で一箇月以上に及ぶ長期の鷹狩も行われました。また、藩主在国中は、毎年正月三日に〝恵方《えほう》〟に向けて鷹狩が恒例行事として行われました。鷹狩だけではなく、雉《きじ》など勢子《せこ》を使って捕らえる追鳥狩《おいどりがり》や、鹿狩《しかがり》も盛んでした。

元和《げんな》四（1618）年一二月、重直、従五位下・山城守に任官（一三歳）。

盛岡城普請の最中において、この出来事は〝三戸城《さんのへじょう》〟で起こりました。

慶長《けいちょう》四（1599）年、真田清鏡《さなだきよあき》という山伏は、檀那《だんな》でもあった南部利直と〝囲碁《いご》〟の賭けで勝利します。利直の娘を妻にする約束でした。しかし、一向にこの約束が果たされる兆《きざ》しがないため元和六（1620）年、真田清鏡は憤《いきどお》り、三戸城の綱御門前《つなごもんまえ》において、自ら腹を割くと臓腑《ぞうふ》を門戸に叩き付けて果てたのです。利直はこれに怒り、清鏡の屍《しかばね》を川に投げ捨てさせましたが、それは遡《さかのぼ》って城に流れ着きました。以後、五、六〇人もの白装束の山伏が毎夜現れ、城中を震撼《しんかん》させる現象に悩まされます。利直はこれを清鏡の祟《たた》りと怖《おそ》れ、神と祀《まつ》って〝清鏡荒神〟としました。

これは説話の一説に過ぎず、真相として清鏡は従前の〝霞《かすみ》（修験道を信仰する檀徒《だんと》が住む地域）〟が維持されることが心願でした。岩手郡では南部信直の庇護《ひご》のもとで台頭した聖護院《しょうごいん》系の自光坊《じこうぼう》が治める影響も強く、羽黒系真田式部の霞は徐々に空疎化《くうそか》していたのです。

利直はそれに何ら触《ふ》れることなく、真田式部家に霞の安堵状《あんどじょう》を下すことはありませんでした。清鏡の切腹を契機《けいき》に真田式部家の糠部《ぬかのぶ》地方の壇廻《だんかい》は途絶え、同家の勢力は終息します。

以後、南部家では参勤途中などで修験装束姿の〝山伏〟に出会うことを忌《い》み嫌《きら》うようになりました。

元和九（１６２３）年、一七歳の重直は、父利直と徳川家光の将軍宣下《しょうぐんせんげ》による上洛《じょうらく》に供奉《ぐぶ》し、京都で〝元服の儀式〟を挙行します。烏帽子親《えぼしおや》は家康の孫・松平出羽守直政《まつだいらでわのかみなおまさ》。直政の兄・松平伊豫守忠昌《まつだいらいよのかみただまさ》からは、祝儀として赤長革を被せた小袖入挟箱《こそでいれはさみばこ》をいただき、以後常時使用する愛用のものとなります。

切支丹《きりしたん》禁制が慶長一七（１６１２）年に発布され、寛永《かんえい》元（１６２４）年、南部藩でも切支丹信徒に対する迫害《はくがい》が行われて、『日本切支丹宗門史《にほんきりしたんしゅうもんし》』には次のように記されています。

「この地方はかつてカルヴァリヨ神父が数度巡教《じゅんきょう》しており、殊《こと》に日本人神父マルチノ式見は、南部の城下町盛岡に足跡を印した最初の人。

一一月五日、デイエゴ己右衛門が斬首され、トマ弁左衛門が氷の中に身を投げられて、転宗を拒み殉教《こば　じゅんきょう》した。

一二月一八日、盛岡においてマチアス（日本名？）外一名が、マグダレナという婦人と共に殺された。マグダレナは五〇歳の老婦人で、腹這《はらば》いにして四回までも斬られたが、頑《がん》として信仰を棄《す》てる様子がなかったので、遂《つい》に斬首《ざんしゅ》され、屍《しかばね》は虎の餌《えさ》として与えられたけれど、虎はこれに手をつけなかった」

虎の餌には生きた獣《けもの》を与えており、牛馬では足りずに野犬狩りをしたうえ、城下の飼い犬にまで命が下りました。

寛永《かんえい》二（1625）年の冬の日のこと、一頭の虎が檻《おり》から逃げ出し、利直自らが鉄砲を撃ち放ってその虎を射殺。この鉄砲は秀忠から拝領した差取竿鉄砲《さしとりざおてっぽう》でした。もう一疋《ひき》の虎は、寛永四（1627）年春に斃《たお》れて亡くなります。

後の参勤交代の大名行列では、虎の毛皮を〝鞍覆《くらおおい》〟に用いたことで沿道の人々の目を騒がせました。『南部盛岡藩参勤交代図巻（江戸後期）』に〝御乗替虎皮鞍覆〟の様子が描かれています。

寛永四（1627）年、重直二一歳のとき、加藤嘉明《かとうよしあきら》の娘を正室としますが、加藤所用の室町時代の槍《やり》・銘濃州《のうしゅう》之住長俊《ながとし》が引き出物として南部家に送られます。これは平三角の笹穂槍《ささほやり》で、刻まれた銘により美濃国《みののくに》の長俊（室町時代の刀工）の手によるもの。以後、放下通《ほうかとお》しとも呼ばれて南部家の行列の先頭を飾りました。

寛永六（1629）年四月、盛岡に趣いていた重直は、岩手郡土淵《つちぶち》村で狩りをしている最中に〝巨蛇《うわばみ》〟を発見。自ら銃を以てこれを斃《たお》し、この時の年月日時がすべて巳《み》の刻であったことから〝巳山《みやま》大明神〟として巨蛇の遺骸《いがい》を祀《まつ》ります。この時使用した銃は、利直が秀忠より拝領した差取竿鉄砲《さしとりざおてっぽう》でした。

寛永八（1631）年一二月、徳川秀忠が重態《じゅうたい》の知らせに南部利直は急遽《きゅうきょ》江戸に赴《おもむ》き、大御所を見舞いましたが、寛永《かんえい》九（1632）年正月に秀忠は五三歳で死去。同年八月一八日には桜田藩邸にて利直が死去（五七歳）したことにより、一〇月、二七歳の重直は盛岡藩主三代となります。一一月二一日、将軍家光《いえみつ》に謁すると、亡父の遺物である〝肩衝《かたつき》の茶器〟を献じましたが「これは神祖（家康）より故信濃守《しなののかみ》に賜るものである。永く子孫に伝えよ」と再び賜りました。

この「道阿弥の肩衝《どうあみのかたつき》」は利直が虎と一緒に拝領した〝茶壺《ちゃつぼ》〟でした（高さ8センチメートル、胴径7・3センチメートル）。大名物《おおめいぶつ》。漢作肩衝茶入。大寂《おおさ》びの茶入で、甑際《こしきぎわ》に一線を巡らし、胴に沈筋《ちんきん》一本、肩先から滝のように掛かった飴色《あめいろ》の釉《ゆう》なだれは裾《すそ》のあたりに至って次第にすぼまり、末は蛇媧釉《じゃしょうゆう》を交えて盆付までだらだらと流れ、露先《つゆさき》は厚く玉を成しています。このほか茶入全面に白鼠釉《しろねずゆう》が浮いて飛び交うような景色があります。

初め徳川家康所持、慶長《けいちょう》五（1600）年、山岡備後守景友《やまおかびんごのかみかげとも》（号・道阿弥《どうあみ》）

が賜ったのでこの名があります。道阿弥の死後再び家康の手に戻り、その後南部信濃守《しなののかみ》利直（慶長一五・１６１０）、幕府（元和《げんな》九・１６２３）、南部重直（同年）、幕府、牧野《まきの》佐渡守《さどのかみ》親成《ちかしげ》（寛文《かんぶん》五・１６６５）、幕府（延宝《えんぽう》元・１６７３）を経て、延宝八（１６８０）年、甲府公徳松《とくまつ》が将軍家綱《いえつな》の遺物としてこれを受け、宝永《ほうえい》六（１７０９）年、彼が将軍職を継ぐ（六代・家宣《いえのぶ》）に及んでこの茶入も幕府の什物となり、以来徳川宗家に伝来。

南部〝信濃守《しなののかみ》〟利直などに見られる〝○○守〟のことを〝受領名《ずりょうめい》〟〝官職《かんしょく》名《めい》〟などと呼んで、もともとは7世紀半ば以降の律令制において成立した国司の職名でしたが、室町時代以降は名前のみの官位として、公家や武士の身分、栄誉の表示にすぎなくなり、明治維新まで続きました。江戸時代においては、徳川家康が慶長一一（１６０６）年に武家の官位執奏権《かんいしっそうけん》を手に入れ、以降は将軍が朝廷に奏請《そうせい》する権利を持ちました。

官職名は領地とは関係のない場合が多く、家の慣例《かんれい》や好みにより選択して申請し、それを幕府が許可するという仕組みで、贈答儀礼として、将軍に官位御礼を行い、朝廷に官金《かんきん》（物）が納められます。

幕府より諸大夫を仰せ付けられると、即日に希望の名乗りを〝伺書《うかがいしょ》〟という形で幕府に差し出し、決定されました。同姓同名とならないか、老中など然るべき役職にある者の名前に抵触しないかなどを吟味《ぎんみ》し、支障がなければ当人が伺出《うかがいで》た名乗りをそのまま認めました。伊達《だて》家や島津家が代々名乗ることの多い〝陸奥《むつ》〟や〝薩摩《さつま》〟、また幕府の所在地である〝武蔵《むさし》〟などは名乗ることを憚《はばか》られました。

＊　＊　＊

ここからは〝覺山地蔵尊伝説〟を参考に、南部重直周辺の〝空想物語〟を挿入《そうにゅう》していきます。

江戸の町では、昨今〝辻斬《つじぎ》り〟が彷徨《さまよ》うなか、南部重直《なんぶしげなお》を訪ね探す一人の山伏がいました。もちろん南部の藩邸が桜田にあることは承知していますが、どのように接触《せっしょく》すればよいかを窺《うかが》っているのでした。

山伏は最上《もがみ》出身で羽黒山《はぐろさん》に名を置きますが、もとは最上藩の家臣の家に生まれ、姉を一人持つ姉弟でありました。

最上家は取り潰《つぶ》しとなったため、この山伏の父も浪人《ろうにん》となり、姉はその身を吉原《よしわら》に預けていたのです。

ある時、弟の山伏・行海《ぎょうかい》は、吉原に居る姉の勝山太夫から噂を聞きます。

「南部の殿様が辻斬りをするかもしれぬ……」

徳川の世の中になって、戦《いくさ》が無くなると刀は腰に差しているだけになった浪人がうろうろしています。何かしらの職にありつけたなら良いが、そうでない者もたくさんいました。まして一国の主たる大名も、戦乱に向かう意気の捌《は》け口がなくなり、鷹狩りをするなどの趣向に傾いていました。

南部重直は、父利直が徳川秀忠から拝領した〝火縄銃〟によって、戦場《いくさば》の経験は無いにもかかわらず、既に鉄砲を撃ち放った心地は巨蛇《うわばみ》を斃《たお》した記憶にありました（重直二四歳）。

また、常に腰の物として付き纏《まと》う刀剣の切れ味も、重直は手応えを覚えています。父利直を亡くした翌年、志和郡郡山において城山の西（尾岬《おみさき》）を自ら指揮して掘らせた時、仕事を怠《おこた》る役夫を見れば直ちに刀を振り下ろし、これを目にした家臣庶民たちには戦慄《せんりつ》が走りました（重直二七歳）。

江戸の街においても〝辻斬り〟は治まるところを知らず、幕府は禁止令を下します。

慶長《けいちょう》一六（１６１１）年、南部利直が江戸に赴《おもむ》いた際、途中の武州《ぶしゅう》で徳川家康から南部の狩猟地として〝盛岡藩鷹場〟を賜《たまわ》っています。この周辺は徳川家の狩り場でもあり、狩りの際の宿場は慈覚大師《じかくだいし》作の〝目黄不動尊《めきふどうそん》〟が著名な〝養光山金鉀院永久寺《ようこうざんきんぴいんえいきゅうじ》〟の隣接地でした。

この寺の諸堂を再建したのは、幕府の試し切り役人であった〝山野嘉右衛門《やまのかうえもん》永久《ながひさ》〟という人物です。獄史《ごくり》として罪人《ざいにん》の首斬《くびき》りを生業《なりわい》としていたため、斬首《ざんしゅ》した人の追善供養《ついぜんくよう》が理由でした。

永久寺の歴史は14世紀南北朝騒乱の頃に遡《さかのぼ》ります。当時は真言宗のお寺で唯識院と呼ばれていました。その後、幾度か戦乱などによって焼失し、再建を繰り返します。時には道安和尚という高僧によって諸堂伽藍《しょどうがらん》が整備され、名も白岩寺と改められ、禪閣《ぜんかく》として隆興《りゅうこう》を極めたこともありました。また、寺院名も時に大乗坊、さらに蓮台寺と変遷を重ねて、宗旨も真言宗から禅宗、そして日蓮宗と移り変わりました。

江戸時代に入ると、出羽の羽黒山《はぐろさん》の別当・圭海《けいかい》により、天台宗の寺となります。さらに寛文《かんぶん》七（1667）年には幕臣〝山野嘉右衛門永久《やまのかうえもんながひさ》〟号して〝藤原の永久〟が諸堂を再建し境内地も拡張・整備され、寺院名も〝永久寺《えいきゅうじ》〟と改めて中興の祖となります（出羽三山すべてを天台宗の支配下におこうとした天台宗大僧正・南光坊天海《てんかい》を師事し、別当となった天宥《てんゆう》が羽黒山別当に迎えたのが主海でした）。

泰平《たいへい》の世となった寛永《かんえい》年間（1624〜1643年）の中頃、東海道など五街道が整備されると、江戸の鎮護と天下泰平を願って、街道の道中安全を祈願することが幕府から命じられます。その時、上野寛永寺《かんえいじ》の天海大僧正の発願によって江戸府内の由緒ある古刹が〝五色不動《ごしきふどう》〟として五街道沿いに目白、目赤、目黒、目青、目黄の不動明王像が置かれた五つの地域が定められ、南北朝以来の古刹であり、日光街道に面した永久寺が〝目黄不動尊《めきふどうそん》〟として指定されます。

江戸初期の刀剣について「刀の利鈍を測るには実際に物を斬ってみるしか

ない」と、鎌倉時代には既にこのようなことが行われていたことが『注進物《ちゅうしんもの》』（正和《しょうわ》二・１３１３年に幕府の命で利刀を選びまとめたもの）に記されています。

室町時代末期には、屍体《したい》を田の畦道《あぜみち》の上に横たえて斬る試し斬りが盛んに行われました。江戸時代には合戦で刀を使うことが殆《ほと》どなくなったことから、これが斬れ味を試す理由となり、畦道を見立てて土を盛り上げて屍胴《しどう》を試し斬りするための土台が〝土壇《どだん》〟です。

この試し斬り、豊臣秀吉麾下《きか》の武将・谷大膳衛好《たにたいぜんもりよし》が大層な腕で、数多の武将の佩刀《はいとう》の依頼《いらい》を受けているうちに独自の試刀術を編み出すに至ります。これが嫡男の衛友《もりとも》から弟子の中川左兵太重良《なかがわさへえたしげよし》に伝えられ、この左兵太により体系化されて〝谷流〟といわれる一つの流派になりました。

さらにその弟子の山野嘉右衛門永久《やまのかうえもんながひさ》・勘十郎久英《かんじゅうろうひさひで》父子によって御様御用《おためしごよう》（御試御用）を務めるまでに発展します。

江戸時代にも、刀の利鈍《りどん》は屍《しかばね》をもって試すことが流行《はや》りました。

文献によると人体各部を斬る以外に胴をいくつも重ねてその数を競ったことが窺《うかが》えます。これは斬り手にとってはその技前《わざまえ》を、刀の持ち主にとっては斬れ味を誇る絶好の機会でもあり、余裕のある武士は高い試し料を払ったうえ、挙《こぞ》って試しに掛けました。

胴を重ねるときには一の胴と呼ばれる部位を重ねて斬る。二つ胴、三つ胴は比較的に一般的なもので、さすがに四つ胴ともなると数は少なくなり、山野嘉右衛門永久は大和守安定《やまとのかみやすさだ》の刀を以って五つ胴を落し〝天下開闢《かいびゃく》以来五ツ胴落〟と象嵌銘《ぞうがんめい》を入れています。

山野嘉右衛門《やまのかうえもん》（山野加右衛門）という人物について、次のように記す文献があります。

長曾禰虎徹《ながそねこてつ》（寛文《かんぶん》期・1660年代の武蔵鍛冶《むさしかじ》）

越前福井で半生を過した関係で、初代康継の門人ともいわれている。反《そ》りは浅く、虎徹特有の物打ちよりわずかに反りのつく姿で、沸《に》えできの大たれ、大五ノ目を焼く。刃ぶちに美しい沸えが一面につき、匂い足が刃中に入り働き盛ん。虎徹はその地肌の見事さが見所。巾元《はばきもと》三寸ほどのところに大杢目《おおもくめ》の渦巻肌《うずまきはだ》を出し、よく詰んだ小杢目《こもくめ》で地鉄も明るく冴《さ》える。また江戸のものでは珍しく京焼出しをしているのが特長。彫刻の名手でもある。

初代虎徹興里《こてつおきさと》の刀は素人眼にも美しい刀である。焼刃の華麗さ、黒く澄んだ杢目の地肌の澄明感、鋭利強靱という機能美の一つの極点をなしている。それはまだ戦国の余燼《よじん》の残っていた江戸初期の武士たちであったなら、魂を魅入られるような刀であったろう。

慶長《けいちょう》から寛文《かんぶん》にかけて、和泉守兼定《いずみのかみかねさだ》、埋忠明寿《うめただみょうじゅ》、肥前忠吉《ひぜんただよし》、井上真改《いのうえしんかい》、越前《えちぜん》康継《やすつぐ》、野田繁慶《のだはんけい》などの名匠が輩出、新刀初期の黄金時代を築いた。これらの名匠の作刀はいずれも所候の差料で、中でも康継は家康、秀忠の抱え鍛冶でありました。

しかし、それらの中でも、虎徹《こてつ》は抜群の人気があった。品質は高いばかりではなく、抱え鍛冶《かじ》ではなく在野《ざいや》の鍛冶として、注文に応じて作刀したからでもあろう。

寛文《かんぶん》三（1663）年の出府から没年の延宝《えんぽう》六（1678）年までの十数年間に二百数十振りの刀を鍛えた。年産二十振り以上とは驚くべき数である。かといって、それが数打ちもののような甲伏《こうぶ》せ造りではなく、四方詰の入念な作である。その上、短刀などには精緻《せいち》な彫刻が施されている。

虎徹の逸話は、その作刀がいかに斬れるかということに尽きている。虎徹の鍛えた刀は美術刀ではなく、実用刀であってみればその鋭利性が逸話となるのは当然だが、応仁《おうにん》の乱から続いた長い戦国時代を経てみると、神威の霊剣よりも、まず武器としての機能が第一とされたことはいうまでもない。

鉄砲の普及、内戦の終息は武士たちに重い甲冑《かっちゅう》を脱ぎ棄《す》てさせた。刀剣の機能は甲冑なしの格闘のための武器となった。重《かさね》薄く、鋭い切れ味を見せた虎徹の作刀は江戸時代という時代の要請が形成した名刀であった。

虎徹は初め加賀前田家抱えの甲冑鍛冶《かっちゅうかじ》であったが、その時代、藩公の命で甲試《かぶとため》しが行われ、同じ抱え鍛冶との技較べとなった。この逸話の信憑《しんぴょう》性は疑われるが、虎徹は自分の甲《かぶと》が斬られると見て、寸前に声をかけ甲の位置を直し、試刀者の呼吸を外し、甲を破られることを免《まぬが》れた。因《ちな》みに、この刀工は加賀藩の抱え鍛冶・二代兼若《かねわか》であろうといわれている（兼若には慶長《けいちょう》期の初代から、文化《ぶんか》期《き》の八代までである）。

しかし、虎徹はその卑怯《ひきょう》な振舞いを深く恥じ、前田家を退散。刀鍛冶を志して近江国長曾禰《ながそね》村《むら》で刀工としての修行を重ね、やがて、江戸に出て名声を確立する。その作刀の声価はなによりも斬れ味の無類の鋭さと、精緻《せいち》な彫刻によってであった。

刀剣史の諸説では、江戸と大坂ではその作刀に大きな違いがあった。流通経済の発達した大坂では、刀工はそれぞれ規格を定め、品質を管理して、流通市場に作刀を乗せていた。これに対して、江戸では作刀の依頼者に応じて一振りごとに鍛《きた》えている。大坂刀はすでに工業製品であり、江戸ではそれ以前の一点もの的な工芸品であった。

長曾禰虎徹興里《ながそねこてつおきさと》は本名を〝山野加右衛門〟といい、近江国長曾禰住の甲冑師の家に慶長《けいちょう》五（１６００）年に生まれた。一六歳で堺《さかい》に出て、伊勢大掾綱国《いせのだいじょうつなくに》の弟子となり作刀を修行したが、以後三十余年、不遇な生活が続いたといわれている。

数え年五十歳で江戸に出府《しゅっぷ》し、作刀を始めたことはその銘で明らかである。

本国越前住人至半百居住　武州之江戸尽鍛冶之工精尓

（本国越前の住人、半百に至って武州の江戸に居住す。鍛冶の精巧を尽くすのみ）

＊　　＊　　＊

永久寺のある此処《ここ》は奥州道中筋にあり、まして南部家が近場に狩り場を賜ったことで、後に重直が山野嘉右衛門と顔を合わせる機会にも恵まれることになりました。

日光御成街道《にっこうおなりかいどう》沿いの狩りの宿場にて、重直が声をかけます。

「……山野という者、お主《ぬし》は試し斬り役人と聞く。ついては相談であるが、刀の切れ味は、当然それぞれ違うのであろう……。私に譲《ゆず》ってくれるような一振はお持ちであるか……」

「……遠慮無く私にお申し付けくださいませ。刀というものは鉄の産地から鍛冶職人の違いまで多様でございます。ご所望とあらば、私の出来る範囲でご用意させていただきますが……」

「もちろん只《ただ》というわけではあるまい。金子《きんす》の用意は直ぐにもできるが、面白いものがある……。これは公方様に献上したものと同じものじゃ。たいそう喜ばれての……」

「それは何でございますか」

「南部で採れる〝くんのこ（薫陸《くんろく》）〟というものじゃ」

「それはどのようなもので……」

「焚《た》いた香りは伽羅《きゃら》とも違う。これ、着物に含ませておる……」

「何の香りかと思っておりました。なんとも優雅な香りでございます」

「それでは、どうぞこれをどうぞお持ちください」

このようにして重直は、山野が所持していた〝刀剣〟を手にしました。

くんのこ（薫陸）と同等のものは、海外ではインド、イランなどに産する樹脂が固まって石のようになったもので〝乳香《にゅうこう》〟があります。燃やすとそれと同様な香りがするものとして、南部藩では久慈地方《くじちほう》で産出する松や杉の樹脂が地中に埋もれて化石となった〝琥珀《こはく》〟から、とくに琥珀酸を含まないものを細かく砕《くだ》いて「薫香《くんこう》（薫陸香《くんろくこう》）」と呼びます（乳香《にゅうこう》と薫陸香は別物です）。

南部藩の琥珀採掘は室町時代頃からはじまり、江戸時代初期から、南部藩の特産品として管理品目に定まると各地で大掛かりな琥珀採掘が行われ、貴重な財源になっていました。採掘された琥珀のほとんどが江戸や京都に輸出され、良品は細工して装飾に加工されたほか、お香、線香、塗料、医薬品などに用います。

＊　＊　＊

幕府お抱えの試し斬り役人である山野嘉右衛門は、吉原で顔が利《き》いた得意客でした。

今日は、重直から頂戴《ちょうだい》した〝くんのこ〟を遊郭《ゆうかく》で試すべく吉原の江戸町に居る勝山太夫を訪ねました。

「……これまで嗅《か》いだことがない香りだねえ。これは確かに伽羅《きゃら》とも違う。どうしたんだい……」

「南部の殿様が刀を所望したもんで、物々交換で頂戴したものだ」

「え、南部の殿様かい。どうしたら伝手《つて》ができるかと私が探していた南部の殿様なのかい……」

重直との伝手をなんとか繋ぎたいと考えていた勝山太夫は、早速弟の山伏・行海《ぎょうかい》を呼び寄せると、経緯《いきさつ》を話して手紙を渡します。

「南部の殿様が山野に刀を所望して一振り譲ったそうだよ。もしかしたら辻斬りでもしないかねぇ。これを機になんとかならないかねぇ。よろしくたのむよ……」

勝山太夫の身の上話は、山野が吉原に幾度か通ううちに聞いていました。

「私は出羽国最上酒田の生まれ。最上源五郎義俊《もがみげんごろうよしとし》の家臣の家柄だったんだけど、元和《げんな》三（1617）年のこと、お家取り潰しで私のおとっつぁん《父》宇留田左《うるたさ》兵衛《へえ》は流浪《るろう》のうえ飢渇《きかつ》して死んじまったんだよ。……私もこんな具合になっちまった。弟は伝手があって羽黒山の〝行海《ぎょうかい》〟という山伏になったんだけど、世話になった人が言うには、なんとしても南部の城で起きた元和六（1620）年の出来事の憂《う》さを晴らしたいというんだ。

それは、南部も不来方《こずかた》（盛岡）の城普請が進んで城下町の様子も見えてきた頃だというから、今の殿様の先代の時だと思うんだけど、南部領に羽黒の霞《かすみ》の安堵《あんど》を願い出た山伏がいたんだよ。ところがいつまで待ってもその返事が返ってこない。その山伏、堪忍袋《かんにんぶくろ》の緒が切れると、どんどんお城の中に入っていって、門の前で腹を斬《き》ったんだ。在廳真田式部清鏡《ざいちょうさなだしきぶきよあき》という名でね。まぁ、南部はそのように城普請や町普請もしているし、藩邸は桜田にあるというじゃないか。たぶん費用はなんとかなるよ。羽黒のためにも弟・行海のためにも不来方《こずかた》の城下町に羽黒修験の寺を建てて欲しいねぇ……」

※吉原で〝勝山《かつやま》〟といえば人気のあった遊女の源氏名《げんじな》として知られますが、それは新吉原においての承応《じょうおう》・明暦《めいれき》年間（1652〜1657）の人物で、これに登場する〝勝山太夫《かつやまだゆう》〟とは別人です。

出羽山形藩は最上義光《もがみよしあき》（出羽山形藩初代藩主）の後継をめぐって争い、長男・義康《よしやす》の暗殺事件が発生。以後も家中の内紛はやまず、義光（慶長《けいちょう》一九・1614年死去）の孫・義俊《よしとし》（三代藩主）が藩主の座にあることを家臣等から反発されることで、最上家親《もがみいえちか》（父・二代藩主）の死は山野辺義忠《やまのべよしただ》による毒殺《どくさつ》として幕府に訴えます（最上騒動）。元和《げんな》八（1622）年に最上氏は改易《かいえき》され、近江国蒲生郡大森に一万石の知行《ちぎょう》を改めて与えられました。

羽黒派は修験道の一派で、山形県の羽黒山《はぐろさん》を本山とする。崇峻《すしゅん》天皇の子の蜂《はち》子皇子《このみこ》を開祖として、苦行性と古態を残す。平安末期から組織化が進み、鎌倉時代には七寺七院住坊四千と号して守護・地頭不入の権を誇る。戦国時代に衰退したが、江戸時代には輪王寺宮を管領と仰ぎ、社領一五〇〇石、山上に三二坊と一〇八の堂舎、麓の手向《とうげ》には修験三六〇坊が軒を並べ、関東、東北、甲信越の各地に約五〇〇〇の配下修験、神職、巫女《みこ》が居住した。

〝江戸の吉原《よしわら》〟とは、吉原遊郭《よしわらゆうかく》のことで、江戸幕府によって公認された江戸の遊廓です。当初は日本橋《にほんばし》近く（日本橋人形町《にんぎょうちょう》）にあり、明暦《めいれき》の大火後、浅草《せんそう》寺《じ》裏の日本堤《にほんづつみ》に移転し、前者を〝元吉原《もとよしわら》〟、後者を〝新吉原《しんよしわら》〟と呼びます。元々は大御所・徳川家康終焉《しゅうえん》の地である駿府《すんぷ》の城下町にあった〝二丁町遊廓《にちょうまちゆうかく》〟から一部が移設されたのが始まりです。この初めに設けられた吉原を〝元吉原〟と呼びます。

徳川家康が天正《てんしょう》一八（１５９０）年八月一日、江戸に入府し、慶長八（１６０３）年に征夷大将軍《せいいたいしょうぐん》の任を受けて江戸幕府が開かれました。

江戸はこれを契機に俄《にわか》に活気付き、鎌倉以来の関東の武士の都となりました。家康は東海地方から多数の家臣団を率いたことで、都市機能の整備は早急に進められます。これは関東一円から人足を集めたこと、戦乱の時代の終息に伴い、浪人《ろうにん》が仕事を求めて江戸に集まったこと等を理由として、江戸の人口の男女比は圧倒的に男性が多くなり、江戸中期では三分の二が男性でした。

この時代背景を理由に、江戸市中には遊女屋が営業を始めます。

江戸幕府は江戸城の普請を進める一方で、全国を支配する政権の所在地としての武家屋敷の整備など、江戸の都市機能を高める必要が早急に求められました。そのため従前の庶民は移転を強制され、とくに遊女屋は移転を頻繁《ひんぱん》に求められたため、遊廓を設けることを陳情《ちんじょう》し始めます。当初、幕府はこれを相手にしませんでしたが、数度の陳情の後、慶長《けいちょう》一七（1612）年、元誓願寺前《もとせいがんじまえ》で遊女屋を営む庄司甚右衛門《しょうじじんうえもん》（元は駿府《すんぷ》の娼家《しょうか》の主人）を筆頭として

一、客を一晩のみ泊めて、連泊を許さない。

一、偽《いつわ》られて売られてきた娘は、調査して親元に返す。
一、犯罪者などは届け出る。
という条件で陳情したところ、幕府は受理します。

しかし当時の幕府は、大坂城に籠もって支配に服さない豊臣秀頼《とよとみひでより》への対応に追われ、遊廓どころではありません。

陳情から五年後の元和《げんな》三（1617）年、甚右衛門を惣名主《そうみょうしゅ》として江戸初の遊廓〝葭原《よしわら》〟の設置が許可されます。その際、幕府は陳情した際の条件に加え、江戸市中には遊女屋を他に一切置かないこと、また遊女の市中への派遣もしないこと、遊女屋の建物や遊女の着るものは華美《かび》でないものとすることを申し渡しました。

しかし、寛永《かんえい》（1624～1644年）の頃までは、遊女が評定所《ひょうじょうしょ》に出向いてお茶を出す係を務め、結局は遊廓を公許にすることで、そこから冥加金《みょうがきん》（上納金）が得られます。市中の遊女屋をまとめて管理する治安上の利点と、風紀の取り締まりなどを求める幕府と、市場の独占を求める一部の遊女屋の利害が一致した形で〝吉原遊廓《よしわらゆうかく》〟は始まりました。以後、これは江戸市中で幕府の許可なく営業する違法な遊女屋（岡場所《おかばしょ》）との競争を繰り返すことになります。

遊郭普請にむけて幕府が甚右衛門らに提供した土地は、日本橋葺屋町《ふきやちょう》続きの二丁《ちょう》（約220メートル）四方の区画で、江戸湾海岸に近い葭《よし》が茂《しげ》る僻地《へきち》でした。

これが〝葭原《よしわら》〟の発祥で、寛永《かんえい》三（1626）年〝吉原〟に改めます。

寛永一七（1640）年、幕府は遊廓に対して夜間の営業を禁止します。すると市中には風呂屋者《ふろやもの》（湯女《ゆな》）が多く現れ、その勢いは吉原内にも風呂屋が進出するほどでした。

さらに江戸市街は時間の経過とともに拡大し、大名の江戸屋敷も吉原に隣接するまでに至ります。

明暦《めいれき》二（１６５６）年一〇月、幕府は吉原の移転を命じました。候補地は浅草寺裏の日本堤《にほんづつみ》もしくは本所《ほんじょ》です。これに吉原側は移転しない営業の継続を嘆願《たんがん》しましたが聞き入れられず、結局、浅草寺裏の日本堤への移転に同意。この際、北町奉行・石谷貞清《いしがやさだきよ》は以下の便宜《べんぎ》を図りました。

一、吉原の営業できる土地を五割り増し（三丁四方）
一、夜の営業を許可
一、風呂屋者（私娼《ししょう》）を抱える風呂屋（風俗営業をする銭湯で、遊廓の競合）を二〇〇軒取り潰し
一、周辺の火事・祭への対応を免除
一、一万五〇〇〇両の賦与

風呂屋の盛況も移転理由のひとつで、幕府は風呂屋者を置くことも禁止しました。

周辺の火事への対応免除は、吉原で火事が発生した場合に周りから応援が得

られず、吉原が全焼する火災が幾度も発生して皮肉な結果をもたらしています。

明暦《めいれき》三（1657）年正月には明暦の大火が発生。これは江戸の都市構造が大きく変化する起因にもなり、この大火によって移転は予定より少し遅れましたが、焼け出されて仮小屋で営業していた遊女屋は、同年六月に全て移転することができました。新吉原には、京町《きょうまち》一、二丁目、江戸町《えどちょう》一、二丁目、仲之《なかの》町《ちょう》、揚屋町《あげやちょう》、角町《すみちょう》がありました。

日本堤《にほんづつみ》から下る〝衣紋坂《えもんざか》〟とそれに続く〝五十間《ごじっけん》〟の道筋を辿《たど》ると〝新吉《しんよし》原《わら》〟で、これが唯一の公式通路。目の前には〝大門《おおもん》〟が現れ、これを潜《くぐ》った先が高さのある黒塀と〝鉄漿溝《おはぐろどぶ》〟に囲まれる隔絶《かくぜつ》された楽園〝吉原遊廓《よしわらゆうかく》〟です。

吉原遊廓は男性の最大の社交場所ではありましたが、吉原遊廓にとっても常に競争相手は存在していました。元吉原時代は風呂屋者、風呂屋女と呼ばれる風呂屋で隠れて商売をする遊女屋がありました。江戸は富士山の火山灰が堆積《たいせき》した土地で埃《ほこり》っぽく、さらに初期の江戸は都市普請《ふしん》真っ最中であったため、泥《どろ》まみれ埃まみれになる仕事ばかりです。故に風呂屋が繁盛し、女性を置いて客の相手をさせる〝丹前風呂《たんぜんぶろ》〟もはじまりました。

その後も江戸は、深川《ふかがわ》などに岡場所《おかばしょ》が出現するなどの膨張《ぼうちょう》を続け、各街道の最初の宿場町から手軽に行ける遊興《ゆうきょう》場所を兼ねるようになり、吉原遊廓は激しい競争に晒《さら》されます。それでも江戸で最大の繁華街《はんかがい》としての地位を維持し続けました。

遊女のほとんどは年季奉公《ねんきぼうこう》で働いています。一定の年限を働くか、遊女を購《あがな》った金額を返却できれば解放され、新吉原成立から天保《てんぽう》年間までは、年季が明ける率は常に八割を超えていました。しかし遊女の大部分は性病などの感染症に罹患《りかん》、または栄養失調ほか、不衛生な集団生活などで健康状態は悪化し、商品価値のない遊女や死期が迫った者は葬儀の手間を省《はぶ》くために、店側が年季を放棄《ほうき》したり、解雇《かいこ》や放逐《ほうちく》によって年季明けしたことにする措置《そち》もありました。

遊廓で生涯を終える遊女もあります。遊女の仕事が年を重ねて難《むずか》しくなると〝やり手〟〝飯炊き〟〝縫《ぬ》い子〟などとして再雇用されます。

〝心中〟〝枕荒らし（客の財布を盗む事）〟〝起請文《きしょうもん》（好みの客に宛てた手紙）乱発〟〝足抜け（脱走）〟〝廓内での密通〟〝阿片喫引《アヘンきついん》（芥子《ケシ》から作った麻薬を煙管を使用して吸う）〟などのような吉原の掟を破った者の遺骸は素裸《すはだか》にされ、荒菰《あらごも》に包まれると浄閑寺《じょうかんじ》に投げ込まれました。

浄閑寺を〝投げ込み寺〟と呼ぶのは、安政《あんせい》二（1855）年一〇月二日の安政江戸地震発生で六〇〇人余の遊女が死亡した際、この寺に投げ込んで葬ったことに発するといわれます。

遊女には順位があり、美貌《びぼう》と機知《きち》を兼ね備えて男性の人気を集めることが出来る女性であれば、遊女の中でも高い位置に登ることができました。遊女の最高地位は宝暦《ほうれき》年間（1751～1764年）まで〝太夫《たゆう》〟と呼ばれ、以下〝局《つぼね》〟〝端《はし》〟とされていましたが、江戸の湯屋を吉原に強制移転した際に〝散茶女郎《さんちゃじょろう》〟が構成され、その後は〝花魁《おいらん》〟と呼ばれました。花魁は振袖新造《ふりそでしんぞう》と呼ばれる若い花魁候補や、禿《かむろ》と呼ばれる子供を従えていて、気に入られない男性は相手にしてもらえません。

そのような中、粋《いき》な振舞いが男性の社会的地位と考えられ、客から金品を貢《みつ》がせるのが遊女の技量でありましたが、理由は遊女の生活用品や光熱費用、妹分の禿《かむろ》や新造《しんぞう》への養育費、自身の装身具、化粧品などは全て遊女の自己負担のため、高級遊女になるほど負担額が増える店の制度にも起因していました。

順位の高い見世《みせ》（遊女屋、妓家《ぎか》）の遊女と遊ぶためには、待合茶屋（吉原では〝引手茶屋《ひきてぢゃや》〟と呼ばれる）に入り、そこに遊女を呼んでもらい宴席を設け、その後、茶屋男の案内で見世へ登楼《とうろう》する必要がありました。茶屋には席料、料理屋には料理代、見世には揚《あ》げ代《だい》（遊女が相手をする代金）が入る仕組みになっています。

吉原遊廓では一人の遊女と馴染《なじ》みになると、他の遊女へは登楼《とうろう》してはならない掟《おきて》がありました。他の遊女との登楼が発覚すると、その遊女の周辺から馴染みの遊女のもとに伝えられ、裏切った客は、馴染みの遊女の振袖新造たちが次の日の朝、外に出たところを捕まえて、髷《まげ》を切り落とされる目に遭《あ》う男もいましたが、宝暦《ほうれき》以降（1751〜）はこのような掟も廃《すた》れていきました。

元吉原時代、太夫は〝大名の遊び道具〟と呼ばれ、太夫や格子《こうし》の上級の遊女と遊ぶ客のほとんどが、大名・旗本《はたもと》・国侍《くにざむらい》（大名の領国に住む家臣）などでした。旗本も組をつくるなどしましたが、太夫には手が出ず、相手は二、三流の遊女で、下級武士においては無縁の場所でした。太夫とどんなに質素に遊んでも一晩で数年分の俸禄《ほうろく》が吹っ飛んでしまいます。

吉原遊廓は、多くの下級遊女たちの悲惨な境遇に反比例して、新しい女性の髷《まげ》や衣装の様々な文化はここから発信されました。また、花魁には教養も必要とされ、花魁候補の女性は幼少の頃から〝禿《かむろ》〟として徹底的に古典や書道、茶道、和歌、箏《こと》、三味線《しゃみせん》、囲碁《いご》、将棋《しょうぎ》などの教養、芸事を仕込まれ、それらは芝居文化〝歌舞伎《かぶき》〟と相互に作用して、音曲《おんぎょく》や舞踊《ぶよう》、その他の雑多な芸能とともに江戸市中で評判を集めていきます。

新吉原での楽しい宴の翌朝は、胃もたれや二日酔いからくる吐き気や頭痛に襲われ、朝食はとても食べられない者に好まれたのが、吉原揚屋町の〝山屋豆《やまやどう》腐《ふ》〟という店の〝すくい豆腐（汲み上げ豆腐・くみ出し豆腐とも。寄せ豆腐と同等）〟で、早朝に禿《かむろ》が出来たてを求めたものでした。

新吉原の地に移転する背景は先述のとおり〝悪所〟を市街地から遠方に移すことでしたが、浅草寺《せんそうじ》の裏手でなければいけなかった理由は明白ではなく、諸説では新たに幕府が築造《ちくぞう》した堤防《ていぼう》〝日本堤《にほんづつみ》〟を継続して踏み固めさせるために遊郭を当地に移したともいわれます。これは浅草寺の東から北にかけて、荒川《あらかわ》の氾濫《はんらん》に備えたことでもありました。

＊　＊　＊

ある日の黄昏時《たそがれどき》、重直は出掛ける支度《したく》をしました。いつものように家臣を連れますが、藩主と知れぬように笠をかぶるか、はたまた頭巾にするかの身の隠しを装い、いずれにしても腰には山野嘉右衛門から譲《ゆず》られた刀を差していました。

最近、殿の様子がおかしいと見ていた家臣。

「殿はあの刀の切れ味を試したいはず……　なんとしても〝辻斬《つじぎ》り〟は止めさせねばならぬ。もし役人に捕まり表沙汰になったら、お家取り潰《つぶ》しは間違いない……」

潜《くぐ》り戸からそっと殿の跡をつけた家臣とは別に一足先に藩邸を後にしたのは、おかしいと気づいて非人姿《ひにんすがた》に変装した家臣でした。殿の出向きそうな方向を見極めていましたが、どうもそれは繁華《はんか》な日本橋方面に向かっています。

「このような人混みで〝辻斬り〟をするとも思えぬが……」

陽も落ちて、辺りは徐々に暗さが増してきます。

その様子を嗅《か》ぎつけた勝山太夫の弟・行海も、同時に重直の後を付けた一人でした。偶然にもこのような機会が一致した理由は、月明かりの無い新月の夜だったのです。

山伏姿の男が後を追っていることに気づいた重直は、日本橋《にほんばし》を渡って東に向かい思案橋《しあんばし》を渡ると東西の堀留川《ほりどめがわ》に挟まれた界隈に入り、さらに親父橋《おやじばし》を渡って甚右衛門町に入ります。賑《にぎ》やかな芝居小屋が建ち並び、ここまで来ると、通りの突き当たりには吉原の黒塀が見えはじめます。

繁華な街なかでも余計に目立つ者。頭巾《ときん》を額に置き、太多須嬉《ふとだすき》を掛けた市松模様の篠懸衣《すずかけ》、納札袋を胸に提げ、金剛杖を握り法螺貝《ほらがい》を持ち、引敷《ひしき》を腰に下げ、脚絆《きゃはん》に八つ目草鞋《わらじ》を履《は》くといった出で立ち……　その姿の者が気になりだし、動作もいよいよ確かに付けてくる怪しい者と思い、重直は草履《ぞうり》の前坪《まえつぼ》に力を込めて足元を整えると、刀の柄《つか》を握り締めて鍔《つば》の内側を左の親指で押し上げ、鯉口《こいくち》を切りました。

咄嗟《とっさ》に、彼奴《あやつ》の正体を明かすためだけの脅《おど》しなら構わぬと、刀を抜いて振りかざした重直。

その様子を見ていた婦女が途端に悲鳴をあげました。すると即座に十手《じって》を掲げた辻番も声を挙げます。

「辻斬《つじぎ》りか。御用《ごよう》だ！」

これに慌てて刀を収め、その場を駆け逃げた重直。家臣の者はその後を追い、非人姿の家臣もなんとかその後をついていきました。

〝切捨御免《きりすてごめん》〟は寛保《かんぽう》二（1742）年、八代将軍吉宗《よしむね》の時代に幕藩体制の維持を目的として『公事方御定書《くじかたおさだめがき》』を制定し、武士が町民や農民から耐えがたい無礼なことをされた場合には、正当防衛《せいとうぼうえい》として斬っても罪にならない特別な権利でした。しかし、無制限ではなく、斬った場合は役所に届出して、事後に取り調べを受ける必要があり、正当性を立証する証人も必要で、正当理由がない場合は、武士は処罰《しょばつ》（本人切腹・家名断絶・財産没収）されました。

徳川幕府の治世が歩き出した草創期の江戸時代は、諸候間の戦いが鎮静化し、戦国の気風が廃《すた》れゆく最中《さなか》にあって、諸藩の大名を筆頭に〝試し斬り〟や〝辻斬り〟を行う者も少なくありません。

〝辻斬《つじぎり》〟とは、武士が街中などで通行人を刀で斬りつけることですが〝辻斬《つじぎり》〟という言葉は、中世（室町時代）から見られはじめ、特に戦国時代から江戸時代前期にかけて頻発《ひんぱつ》します。

江戸幕府が開かれる直前の慶長《けいちょう》七（１６０２）年、徳川家は〝辻斬〟を禁止し、犯人を厳罰《げんばつ》に処することとして、近世刑法上、辻斬は一〇両以上盗んだ罪と同様に死罪であると定めました。

〝辻斬り〟の理由のほとんどが、刀の切れ味の実証（試し斬り）および武術鍛錬として自身の技量を試すためや、単なる憂《う》さ晴《ば》らし、もしくは不意に往来の人を殺傷《さっしょう》して金品を奪《うば》う目的もありました。

寛永《かんえい》六（1629）年、幕府は庶民が〝辻斬り〟に難儀《なんぎ》しているため、大名や旗本に〝辻番《つじばん》〟という警備施設《けいびしせつ》を設けるよう命じます。辻番は武家屋敷の周囲に数箇所設けられ、常時戸を開けて見張る小屋でした。これを小大名や旗本が単独で設けるには経済的に厳しいことから、近所同士共同で置くようにするなどして、江戸には八九九箇所（大名による二一九箇所・旗本による六八〇箇所）の辻番ができました。辻番は昼夜ともに足軽が交代で務め、常時受け持ちの地域を巡回します。

不審《ふしん》な者や喧嘩《けんか》をする者は捕らえて藩邸に連絡し、幕府目付に連絡する仕組みでした。堀に塵《ごみ》を捨てる者があれば取り締まり、酒に酔って倒れている者は介抱《かいほう》するよう命じられていたうえ、担当地区に死体があれば目付に届け、それを晒《さら》して関係者の申し出がなければ寺に葬ります。結局は辻斬りばかりでなく、殺人事件や行き倒れになる者もよくあることでした。

また、江戸の町々では町の出入り口に〝木戸《きど》〟を設けて〝木戸番《きどばん》〟を置き、夜は木戸を閉じて治安維持にあたるようになります。

＊　　＊　　＊

重直と家臣がその場を素早く立ち去ると、残された山伏・行海《ぎょうかい》は、辻番の前に立ち塞《ふさ》がって言い訳をしました。

「私が人探しをしていて、怪《あや》しまれたまでのこと。辻斬《つじぎ》りではない。誰も斬られておらん……」

この場は辛《かろ》うじて何も無かったことになりましたが、あとは家臣が重直のことをどう収《おさ》めるかでした。

駆け逃げていると重直は激しく喉が渇《かわ》いて水が欲しくなり、障子《しょうじ》に〝豆腐〟

の文字がある店の戸を激しく叩きました。叩き起こされた豆腐屋の主人は、店の前に立つ重直の姿に驚きます。

「ど、どうされました……」

「み、水をくれ……」

他でもなく豆腐づくりに使用する井戸の水ですから、たいへん美味しく、お代わりをして、一息ついたところに後を追った家臣がやってきました。

さらに一足遅れた行海《ぎょうかい》も、行く当てわからぬままに重直一行の跡を追っていましたが、走り疲れて歩き出すと、豆腐屋の戸の隙間《すきま》から声が聞こえます。

「殿はどういうおつもりですか……山野にいただいた刀を試したかったのでしょう……辻斬りは禁止令がでております……役人に捕まれば一〇両盗んだぐらいでは済みませぬ。お家取り潰《つぶ》しですよ……」

その様子をこっそり店の戸の隙間から眺めていた非人姿の家臣。山伏はそっとその家臣に手紙を渡してその場を離れました。

「ご主人、この商売じゃ明日の朝も早いんでしょう。こんな時間に騒がせて大変申し訳ないことをした……かたじけない……」家臣が店主にそう述べると、重直と家臣は店を後にしました。

翌日、

「殿、夕べの一件において手紙を預かっております……」

非人に変装していた家臣が、山伏・行海の手紙を重直に手渡しました。

その場で手紙に目を通すと、重直は、

「吉原に出掛ける支度《したく》をせよ。辻斬りのつもりはないぞ……」

あくる日、重直が向かうと、吉原の大門《おおもん》の前では案内役の山野が待っています。頭を上げて顔を合わせた山野がそっと申しました。

「殿、何時《いつ》になるかはわかりませんが、折を見て試し斬りの場を設けさせていただきます……」

しかし、重直は初めて訪ねた吉原を前に、その言葉の記憶は残りません。

山野が先に進み、大門を潜ると正面の中央通りが〝仲之町《なかのちょう》〟、右手は名主の庄司甚右衛門の屋敷です。廓内を進むと右側に江戸町《えどちょう》一丁目と京町《きょうまち》一丁目、左側には江戸町二丁目、角町《すみちょう》、京町二丁目が並んでいました。

仲之町から揚屋《あげや》の軒を数軒抜け、江戸町一丁目で暖簾《のれん》をくぐり、腰の物を預け、二階に通されると間もなく〝勝山太夫《かつやまだゆう》〟が現れました。

「あら、このお方が南部の殿様。そうそう、この香り。〝くんのこ〟ですね……」

「〝くんのこ〟がここで役立つとは思わなかった……」

目の前にした勝山太夫の言葉に、妙に親しみを感じた重直でした。

お茶を一服口にして、落ち着いた重直は話し始めます。

「手紙は読ませてもらった……あの時の山伏は弟君であったか。たしかに昔、三戸の城でそのような騒ぎがあったな。以来、山伏を忌《い》み嫌《きら》うようになってしまっての。この前は山伏に後を付けられて、思わず刀を抜いてしまったのだ。……修験道法度が発令したのは大坂の陣がはじまる前であったろうか。南部では先々代から世話になってきた聖護院派の霞《かすみ》を蔑《ないがし》ろにできず、羽黒派を取り込むことは難しかったのだ。しかし、今なら何とかなるかもしれぬ……」

「お願いしますよ、殿……」

「まず何をすればよいか……」

「私を身請《みう》けしてください。妾《めかけ》にしてくださいな……」

　重直は勝山太夫を吉原から身請けしました。勝山太夫は南部の桜田藩邸に入ると〝最上奥様《もがみおくさま》〟もしくは〝酒田奥様《さかたおくさま》〟と呼ばれます。しかし、側室となった彼女の性格は豹変《ひょうへん》して、重直に負けず勝ち気が激しく、殿でさえ言いなりになる様子に愛想を尽かした正室（加藤嘉明《かとうよしあきら》の娘）は、いつの間にか離縁《りえん》してしまいます。

　寛永《かんえい》一〇（１６３３）年三月一五日、黒田騒動が決着し、黒田筑前守《くろだちくぜんのかみ》の重臣栗山大膳利章《としあきら》とその長子・大佶《だいきち》（大吉・利周《としちか》・雖失《そうしつ》）が盛岡藩預けと決められ、のちに次子《じし》・吉二郎も預けられました。

大膳は九州福岡黒田長政《くろだながまさ》に仕え、長政の死後、家老として嗣子《しし》・黒田忠之《くろだただゆき》を補佐していました。しかし奸臣《かんしん》らは、忠之を酒色に溺《おぼ》れさせた弾みで、藩政を改革しようとする大膳を讒言《ざんげん》します。政道が乱れても、忠之は顧《かえり》みません。大膳が大いに憂《うれ》いて諫言《かんげん》すると、忠之はこれを斥《しりぞ》けて大膳の家禄を没収。大膳は幕府の力で奸臣を排して藩政を粛正《しゅくせい》するほかはないと決心。幕府に訴え出ると直ちに忠之および重臣に真相を確かめますが、大膳が臣下《しんか》でありながら主君を訴えたのは臣《しん》の分にあらずの色が濃く、流刑《るけい》の処分が下されました。

その後、黒田忠之には謹慎《きんしん》を命じ、また順次奸臣《かんしん》を糾明《きゅうめい》し、罪の軽重によって処罰されました。これが〝黒田騒動《くろだそうどう》〟です。

盛岡に到着した大膳は四二歳。親族や家臣からも慕って追って来る者があり、大膳の徳望の高さが垣間見《かいま》え、盛岡藩においても大膳を厚遇《こうぐう》して薪水料《しんすいりょう》一七人扶持《ふち》を与え、下小路《したこうじ》に居住させました。

勝山太夫が身請《みう》けされた噂《うわさ》は江戸の吉原内外に広がります。寛永《かんえい》一〇（1633）年五月八日、南部山城守重直《なんぶやましろのかみしげなお》は、初入部して三戸城《さんのへじょう》に入りました。寛永一一（1634）年五月三日に、重直は完成したばかりの〝盛岡城《もりおかじょう》〟に入城します。

しかしこの夏、盛岡城の二重櫓《やぐら》に落雷《らくらい》。所蔵の火薬に触れ爆発。延焼して図書や什器とともに本丸を焼失しました。失った宝物は『御宝蔵御腰物帳《ごほうぞうおこしものちょう》』の筆頭を飾るもので、永享《えいきょう》の乱（1438～1439年）で戦功を挙げた南部十四代義政《よしまさ》が室町幕府六代足利義教《よしのり》から拝領した〝雉子頭雌雄御太刀拵《きじがしらしゆうおんたちこしらえ》〟です。雉子の頭を模《かたど》った柄頭《つかがしら》を持つ、雌雄一対の太刀拵で、雉子の尾羽根を表現した鞘《さや》から〝雉子尾《きじお》雌雄御太刀拵〟とも呼ばれます（雄長130センチメートル、雌長125センチメートル）。これは名の如く伝家の宝刀として南部家に伝えられたものであったため、焼け残った資料を基に延宝《えんぽう》三（1675）年～

延宝《えんぽう》五（1677）年で復元制作し、雉子の雄には〝太刀　銘　備前國長船住《びぜんおさふね》真長《さねなが》〟、雌には〝備州長船貞家《びしゅうおさふねさだいえ》　応永廿八年二月日《おうえいにじゅうはちねんにがつ》〟を収めていました。

六月二〇日、重直公将軍に供奉し、士卒二千余を率いて京都に赴く。公は南《なん》禅寺《ぜんじ》に宿し、士卒は岡崎村黒谷門前及び獅子ヶ谷真如堂《しんにょどう》を宿舎とす。この時、黒谷門前の地を購入して我屋敷を置く。

八月四日、将軍初めて諸侯に本領安堵の朱印を賜ふ。公に賜う所の朱印の文に曰く、陸奥国北郡、三戸、二戸、九戸、鹿角、閉伊、岩手、志和、稗貫、和賀、十郡都合拾万石在事如前々余可令領知之状如件（一〇万石の領地判物）。

重直は本領安堵《ほんりょうあんど》の朱印状を手にし、南禅寺の宿の席で京都の〝豆腐〟をいただきました（この翌年、南禅寺前には湯豆腐もいただける〝精進料理店　奥の丹後屋〟が創業します）。

寛永《かんえい》一二（1635）年、寛永武家諸法度《かんえいぶけしょはっと》が交付されると、翌年からの〝参勤交代〟が決まり、初年に江戸在勤となった重直は、勝山太夫を国許《くにもと》に連れ帰ります。勝山太夫には弟・行海をはじめ、一〇人ほどの山伏（修験）が帯同《たいどう》して、四月二七日江戸桜田藩邸を出立、五月八日三戸城に入りますが、勝山太夫は花巻の温泉に湯治《とうじ》させました。

火災に遭遇した盛岡城を離れて福岡城で過ごしていた重直は、一二月には盛岡に帰城しますが、これを期に福岡城は破却《はきゃく》し、その木材をもって翌年盛岡城の西に〝新丸御殿《しんまるごてん》〟を造営します。

新丸御殿は、平地に建てられた屋敷で、江戸の桜田藩邸同様に高低差の無い屋敷に慣れた重直は、暮らしの利便性からも、生涯盛岡の日常生活は新丸御殿で過ごし、盛岡城本丸の復興は次代の重信《しげのぶ》の時まで許可が下りずに放棄《ほうき》されました。

勝山太夫（最上奥）に帯同してきた山伏たちは、念願の〝霞《かすみ》〟の本拠地の甍《いらか》が輝く竣工《しゅんこう》に向けて尽力します。巖鷲山《がんじゅさん》（岩手山）を正面に見る眺望地、城下仁王小路《におうこうじ》には〝岩鷲山大勝寺《がんじゅさんだいしょうじ》〟という最上奥の建立心願であった羽黒山系修駿の寺が落慶《らっけい》しました。

この頃に幕府に提出された『伝寛永《かんえい》盛岡城下図　正保《しょうほう》年間（1645〜1648）』には、市街地が形成された様子が描かれます。『元文《げんぶん》盛岡城下図　元文三（1738）年』『寛延《かんえん》盛岡城下図　寛延二（1749）頃』には〝大勝寺《だいしょうじ》〟の所在も記されます。

武家諸法度（寛永令）の公布に伴って〝参勤交代制度〟がはじまりました。徳川家康は豊臣家を滅亡させた〝大坂夏の陣〟の直後に、武家諸法度の草案を検討します。僧の金地院崇伝《こんちいんすうでん》が家康の命で作成し、夏の陣終息一箇月後の慶長《けいちょう》二〇（1615）年六月には『一国一城令《いっこくいちじょうれい》』を定め、大名の居城以外の城は取り壊すことを決めました。

幕藩体制の仕上げとして翌七月には、一三条からなる〝武家諸法度《ぶけしょはっと》〟を発布《はっぷ》。このお披露目は〝伏見城《ふしみじょう》〟に諸大名を集め、二代将軍・徳川秀忠の前で崇伝が朗読します。その内容は政治・道徳上の訓戒《くんかい》、治安維持の規定、儀礼上の規定など。これによって幕府と諸大名との関係は、私的な従属関係から公的な政治関係となり、一線が引かれます。

武家諸法度《ぶけしょはっと》（元和令《げんなれい》 全一三条）

・武士は、文部両道、つまり学問と武芸を専《もっぱ》ら心がけるべきである。
・武士は、酒宴《しゅえん》や遊興《ゆうきょう》を慎み、節度ある生活を送るべきである。
・法度に背く者は、どこであっても隠匿《いんとく》してはならない。
・各藩の大名、小名、および家臣たちは、もし雇《やと》った家臣が主君に反逆し、殺害したという訴えがあれば、直ちにその家臣を追放しなければならない。
・今後は自国の者以外を雇用してはならない。
・各藩の居城は、修理を行う場合であっても、必ず幕府に報告しなければならない。ましてや、新規に城を築くことは厳しく禁止する。

・隣国で新しい企てや徒党を組む者がいれば、すぐに報告しなければならない。
・大名同士は、幕府の許可なしに婚姻《こんいん》を結んではならない。
・諸大名の江戸参勤交代時に規定人数以上の随身《ずいしん》は禁止する。
・衣服の装飾は、派手にしすぎてはいけない。
・身分の低い人が、勝手に乗り物に乗ることは許されない。
・全国の侍は、倹約《けんやく》を心がけるべきである。
・国主は、政務を遂行《すいこう》するのに適した人材を選ぶべきである。

大名達は徳川幕府から各領国において支配権を認められた代わりに、法による服従《ふくじゅう》を求められたのです。これに違反すれば、改易《かいえき》（領地没収）や減封《げんぷう》（領地を減らされる）、転封《てんぷう》（国替え、移封）などの処分が下されました。

武家諸法度《ぶけしょはっと》は当初の内容を継続したわけではなく、代々の将軍が就任すると改訂した法度を公布する決まりでした。

三代将軍・徳川家光もそれに倣《なら》い、寛永《かんえい》一二（1635）年に〝寛永令（武家諸法度）〟を発布して参勤交代を明文化させます。家康が作成した当時も参勤交代についての記述はありましたが、期間や時期などの決まりも強制力もありませんでした。

参勤交代の起源は鎌倉《かまくら》時代に遡《さかのぼ》り、将軍から領地を与えられた御家人《ごけにん》（鎌倉幕府の役職）たちが領地から鎌倉の都まで出向いたことです。

家光が参勤交代に強制力を持たせる理由は、幕府の力を盤石《ばんじゃく》にすることでした。江戸幕府は中央政権ではなく、各地にそれぞれの制度や軍事力を持つ大名が封建制度《ほうけんせいど》の社会です。大名家の藩政に関しては干渉《かんしょう》できないことから、将軍家としても安心できず、現に、慶長《けいちょう》五（1600）年の〝関ヶ原の戦い〟で敗戦したものの、強い勢力を維持していた薩摩藩《さつまはん》・島津家《しまづけ》や長州藩《ちょうしゅうはん》・毛利家《もうりけ》に対して、常に警戒《けいかい》する状況にありました。

そこで諸大名を一年おきに江戸に出仕させ、江戸の藩邸には正室とその子を住まわせ、任意であった参勤交代の制度化は幕府の権威を一層強める目的がありました。それでも参勤交代の大名行列について、家光は〝規模縮小〟を求めており、寛永令《かんえいれい》（1635年）の武家諸法度で次のように命じています。

「大名・小名は江戸に在住し、ときに交替することを定める。毎年四月には参勤すべし。従者の員数は近頃は非常に多く、民の負担となっている。今後は相応に規模を縮小せよ」

参勤交代制度の目的は〝幕府に逆らえないように各藩の経済を疲弊《ひへい》させるため〟ではありません。大名の経済力を削《そ》ぐどころか、経費を削減して分相応《ぶんそうおう》の支度で参勤するよう命じています。幕府は参勤交代が〝華美化《かびか》〟することを抑え、無駄な経費に人々が苦しむのを良しとしませんでした。

「最近は参勤交代の人数が多い」などと指摘していることから、家光は以前からの参勤の慣例《かんれい》を制度化しましたが、諸国の大名は参勤交代を行う際、大勢の人を雇《やと》い、城下町を出るまでは立派な服装に着替えることが常でした。これは領民たちに威容《いよう》を示すことで、町外れまで来て解散すると、供回りの者たちは旅をしやすい服装に替え、小規模な行列となって江戸に向かいました。江戸に入る前では、またその者たちを雇《やと》って行列の威容を調えます。このような手段で将軍のお膝元《ひざもと》である江戸の庶民にも粗末な姿を見せない意識が過剰《かじょう》に激化《げきか》し、各々の大名家の権威や家同士の見栄を張り合うことが諸藩の財政を逼迫《ひっぱく》に導きました。

栗山大膳が盛岡に来てから二年後の寛永《かんえい》一二（1635）年には、規伯玄《きはくげん》方《ぽう》が盛岡に御預けとなります。

規伯玄方（方長老《ほうちょうろう》）は対馬《つしま》府中《ふちゅう》藩主対馬守宗義成《そうよしなり》の徒弟で、筑前の出生であり、同郷の師・景轍玄蘇《けいてつげんそ》に従って仏門に入り、二四歳で臨済宗以酊庵《いていあん》二代目庵主となります（寛永六・1629年）。後金《こうきん》（のちの清《しん》）の朝鮮半島侵入の折、江戸幕府の命により情勢把握のため朝鮮国都漢城《ソウル》の上京を成し遂げたことにより朝鮮事情に通じ、外交手腕を評価され、対馬府中藩にて外交担当僧になる見習僧として修業をしていました。

当時は豊臣秀吉による朝鮮出兵があり、日本はこれに敗れ、日朝・日明関係が断絶。対馬府中藩は日朝貿易で利益を得ていたことを理由に日朝貿易再開は急務の案件です。ところが朝鮮は日本に朝鮮国王の墓を荒らした犯人の引き渡し、および日本から朝鮮に国書を送ること（慣習では朝鮮から日本に国書を送る）を要求してきました。犯人引き渡しは罪人を犯人に仕立てましたが、国書について幕府が認める筈《はず》は無く、対馬府中藩の家老・柳川調興《やながわしげおき》が国書を偽《ぎ》造《ぞう》・改竄《かいざん》して差し向けました。しかし、国書偽造《こくしょぎぞう》は幕府に知られると、これは〝規伯玄方〟が行ったことだと報告します。

方長老が外交僧に就任したのは慶長《けいちょう》一六（1611）年のことで、最初の偽造が行われた時点では見習《みならい》の身分であり、偽造ができるような立場ではありません。

結果、寛永《かんえい》一二（1635）年に幕府は喧嘩両成敗《けんかりょうせいばい》として、家老は津軽弘前《つがるひろさき》に、方長老（四八歳）は南部盛岡に流刑となりました（〝柳川一件《やながわいっけん》〟とも呼ばれる事件）。

本名は〝規伯玄方《きはくげんぽう》〟ですが、この罪により師に戴《いただ》いた名を汚《けが》したとして〝無方規伯《むほうきはく》〟と名乗り、庶民からは親しまれて〝方長老《ほうちょうろう》〟と呼ばれ、盛岡藩では、方長老に薪水料《しんすいりょう》五〇〇石を与えて厚遇《こうぐう》し、大智山法泉寺《ほうせんじ》の門前に住まわせました。

寛永一八（1641）年三月、幕府が諸候《しょこう》の系図を求めて日光の廟《びょう》に納める際に、重直は学識に優れていた方長老に依頼して、初代光行《みつゆき》から当代までの系図を書かせ、六月九日に提出しました。

重直が晩年になってからは、仏教を信仰して多くの堂を建てて〝鐘〟を鋳造《ちゅうぞう》しましたが、その銘《めい》のほとんどが方長老によるもので、最上奥様《もがみおくさま》（勝山太夫）

の発願により建立された〝大勝寺《だいしょうじ》〟の鐘の銘も方長老によるものでした。また、明暦《めいれき》三（1657）年には、武州の三峯神社《みつみねじんじゃ》に銅鐘（高さ2・09メートル、直径1・12メートル、厚さ12センチ）を寄進しており、製作者は〝鋳物師大工武州江戸住中村助右衛門尉藤原重家〟と記されます。

また、地元庶民向けに〝文化講座〟を開くなどして地域文化の向上に尽くしました。ほかにも、野草の甘野老《あまどころ》には不老長寿《ふろうちょうじゅ》の漢方薬〝黄精《おうせい》〟と同じ成分があると伝えて〝黄精飴《おうせいあめ》〟が作られると、これは文化《ぶんか》五（1808）年、南部利敬《としたか》の時、一〇万石から二〇万石へと石高《こくだか》が上がった際の御礼として彦根藩の井伊家に献上されました。また、〝清酒《せいしゅ》〟の醸造法《じょうぞうほう》についても、南部領では〝濁酒《にごりざけ》〟の作り方しか知られておらず、発酵中《はっこうちゅう》の酒に蒸米《むしまい》や麹《こうじ》などを加える醸《かも》し方が伝えられました。その頃はすでに盛岡城下には二〇軒ほどの造り酒屋があり、次第に浸透《しんとう》していきます。併せて味噌醤油の醸造から、白《しろ》せんべい（餅を焼いたもの）、みのぼしなんばん（みの干し南蛮・根菜類の漬物を紫蘇《しそ》の葉で巻いたもの）の製法から南部鉄器《なんぶてっき》の開発。さらに作庭の技術から接木《つぎき》の技法など。庶民の生活においてもその功は計り知れません。

南部鉄器は規伯玄方が〝芦屋釜《あしやがま》（南北朝時代から筑前国芦屋津金屋《ちくぜんのくにあしやつかなや》で造らせた茶の湯釜）〟を伝えたのが始まりです。規伯は上方文化《かみがたぶんか》（京都や大阪周辺の文化）や茶道にも深い知識をもっており、筑前の出身であることから、芦屋釜の製法を伝え、南部鉄器が造られるに至りました。

当時の南部藩は産業や文化について関心が高く、全国各地から鋳物師《いものし》や茶釜職人を招いて手厚く保護していました。また、領内では鉄や粘土《ねんど》、漆《うるし》などの原材料が豊富に産出していたこともあり、南部鉄器は次第に発展していきます。

盛岡が産業や文化に対しての意識が高いことは、重直が江戸からあらゆる文化人・芸能人・職人たちを連れてきたことで、庶民の意識を向上させたことも影響します。

方長老を慕って盛岡に来た者も居て、木津屋《きづや》の初代・池野藤兵衛《いけのとうべえ》もそのひとりでした。籐兵衛は武士でしたが、方長老により商人になることを勧《すす》められ、盛岡に根付く決心をし、その心得は現在までも至ります。

一、慈悲を本とすべし
一、正直を守るべし
一、自他利益を旨とすべし
一、平等に客を敬うべし
一、遵法奉公《じゅんぽうほうこう》を重んずべし

この家訓五箇条を守れば、商売繁昌間違いなしと信じて、萬《よろず》小間物商をはじめました。

重直は〝参勤交代〟を直前にした短期間で方長老の人となりを見極め、その知識豊富な文化の普及を〝留守〟の間に託します。

寛永《かんえい》一三（１６３６）年、盛岡藩には江戸赤坂糀町市谷《こうじまちいちがや》などの堀土手普請が命じられ、楢山五左衛門・毛馬内左京を奉行として三七名の家臣と同心衆、歩行衆《かちしゅう》の計一〇〇名を江戸に送り込んだりする最中でも、大名行列の準備は着々と進められていきます。

禁教令《きんきょうれい》が江戸幕府から慶長《けいちょう》一七（1612）年および慶長一八（1614）年に下されました。これは家康側近の金地院崇伝《こんちいんすうでん》が伴天連《ばてれん》追放文を起草し、秀忠によって全国に発令され、キリスト教の信仰や布教は国法で禁じられ、これまで独自の判断で切支丹を容認または禁止してきた諸大名は、以後統一的に禁教政策をとることになりました。これをキリスト教禁止令（キリシタン禁制、禁令）とも呼び、禁制扱いになった宗教は〝邪宗門《じゃしゅうもん》〟と呼びます。

南部領内では寛永一三（1636）年三月までに一七六名におよぶ切支丹《きりしたん》が摘発《てきはつ》され、九〇名が成敗《せいばい》されました。

南部家の参勤交代における大名行列は、武家諸法度の規定のまま旧暦四月（現五月頃）に江戸に到着するためには三月下旬に盛岡を出発する見通しです。

奥州道中盛岡江戸間の距離は一三九里三五丁（約556キロメートル）で、

一二泊一三日。一日の行程は40から45キロもしくは50キロ。当時十万石の南部藩の格式では馬上一五から二〇騎。足軽八〇人。中間人足は一四〇から一五〇人と合計二四〇人程度の行列です。

寛永《かんえい》一三（1636）年三月二一日、初めての参勤交代で南部重直（三一歳）は、江戸に向かう日を迎えます。

＊　＊　＊

そのようにあわただしく、厳しく激しい多忙に重ねて、最上奥《もがみおく》の尻に敷かれる日々を送るなか、重直が寵愛《ちょうあい》したのは八木沢源之助《やぎさわげんのすけ》の姉・亀子（亀姫）でした。

参勤出発の日が訪れます。

朝早くから最上奥が声をあげて叫びました。

「……亀子が身ごもっているのは殿の本当の子ではない……」

重直は相手にしていられません。顔をあわせる間もなく、大名行列は江戸に向けて出発しました。

最初の宿は花巻《はなまき》です。翌日、後を追いかけてきた最上奥によって大名行列の進行は止まりました。

重直の言うことを最上奥はまったく聞き入れず、殿の子を身籠《みご》もったと欺《あざむ》いた亀姫（亀子）を処刑する判断が下ります。お腹の子を改めようと盥《たらい》に受けると、その水面に南部家の〝双鶴紋《そうかくもん》〟が現れます。

「最上奥は暇《いとま》させよ……」

金五〇〇両とともに家臣をつけて、最上奥は自身の故郷に帰りましたが、その後の消息はわかりません。

寛永一三（１６３６）年四月一二日、重直江戸に着す。

重直は江戸着を一〇日も遅延《ちえん》し、これを理由に武家諸法度を破り、激怒した将軍家光は重直に裏切られた形で〝御目見得《おめみえ》〟することなく南部家の下屋敷において逼塞《ひっそく》を命じたと報じられました。

この遅参は諸大名各方面で処分に関心が高まる噂となり、改易《かいえき》や国替《くにがえ》は間違いないと思われるに至ります。

依《よっ》て重直は即日〝逼塞《ひっそく》〟を命ぜられ、武州岩槻《ぶしゅういわつき》及び近江《おうみ》所在放鷹《ほうよう》の邑《むら》を削らる、その他朝勤の儀仗鉄砲三十、弓十五、長柄十、長刀一を減ぜられ、休暇の奉書、年頭の聘使拝謁《へいしはいえつ》、帰国上使《きこくじょうし》等を廃せらる、茲《ここ》において邸中扉窓戸を塞《ふさ》ぎ、領内に命じて音曲を停止せしむ。

このように、武州岩槻所在放鷹《ほうよう》の邑《むら》であった〝武蔵国南部氏鷹場〟の消滅につき、これを弘化《こうか》四(1847)年、盛岡藩士・晴山忠太《はれやまちゅうた》がかつて南部領であった周辺を探索しますが、痕跡は見られませんでした。

その昔、南部郷とか南部領と呼ばれていたことから、盛岡藩士・晴山忠太は、かつてこの地が南部侯の領地だったのか、そうでなかったのかを調べてくるようにと、藩の内命により、この地にきました。岩槻《いわつき》の市宿に着くと、南部領の村々をくまなくめぐり、地元の人に「この地が南部領というのは、かつて南部の鷹場の場所だったとか、南部の領地があったということですか」と尋ねまわりました。忠太が書いた『岩槻御舊地探索秘記《いわつきおんきゅうちたんさくひき》』には次のように記されています。

深作村《ふかさくむら》というところの八木橋七兵衛が、紀州徳川殿の鳥見をしているので、もしかすると昔のことを知っているかもしれないと聞き、見沼代用水《みぬまだいようすい》に沿って行ってみました。八木橋七兵衛の屋敷の前の通りに居酒屋《いざかや》があったので、そこから七兵衛の屋敷を見回して見ると、長屋門は瓦葺きで一三間（23メートル強）もあり、門の右側に通用門もあって、かなり大きな屋敷です。門の向かいの茶屋で三人ほど酒を呑んでいる者がいて、どうやら七兵衛の家来と見込んで話を聞いてみると、八木橋家は元々この村で百姓でしたが、五、六代前の先祖が金子《きんす》を献納《けんのう》して紀州家の〝鳥見〟になったという。紀州侯がこの屋敷に御成になったこともあり、屋敷の奥庭などは、江戸からここまでで三番とはくだらない立派な庭だそうだ。と聞くと、晴山忠太は八木橋家に向かい、この辺はいつ頃から紀州候の御鷹場となったのかと尋ねましたが〝昔から〟という答えだけなので、御鷹場のことでお伺いしたいことがあるので、七兵衛様にお目にかかりたい〟と取り次ぎを願いましたが、病気を理由に断られてしまいました。八木橋家は代々、紀州候の御鷹場の〝鳥見役〟として、南部領二六カ村を預かり、名字帯刀を許され、三人の家来と米三〇俵を与えられていました。晴山忠太はその後、代山村《だいやまむら》で煙草屋《たばこや》の主《あるじ》に話を聞いていると、偶然、八木橋七兵衛を見かけました。納戸色の小紋で竜紋の羽織に脇差という姿で、二人連れで大門《だいもん》に蹴鞠《しゅうきく》をしに行くところだということでした。

閉門《へいもん》

一、門を閉ぢ通路有之間敷事

一、門之外より板を打候儀無用に候窓をも釘じめに致候に不及候事但窓に懸戸可懸之候懸戸無之候はゞ内より窓ふさぎ可置之事

一、不叶用事は夜中頃ひそかに可相達候事

一、病気之節は医師招き候儀夜中は不苦候事

一、火事之節屋敷あやうき体に候はゞ立退其段支配方迄可申達候自火は不及申近所より火事出来候はゞ屋敷の内火防之儀不苦候事

逼塞《ひっそく》

一、門をば立置昼の内にてもくゞりより不目立様に通路可有之事

一、重き病気之節は親類縁者医師ひそかに参り候分は不苦候事

一、火事之際屋敷あやうき体に候はゞ立退其段支配方迄可申達候自火は不及申近所より火事出来候はゞ屋敷の内火防候儀不苦候事

遠慮《えんりょ》
一、門を立くゞりは引寄可置事
一、不叶用事又は病気之節不目立様に親類縁者医師参る分は不苦候事
一、火事之節屋敷あやうき体に候はゞ立退其段支配方迄可申達候尤無遠慮火防可申候事

二年もの月日が流れた寛永《かんえい》一五（1638）年一二月二二日、三九箇月目にして重直の〝逼塞《ひっそく》〟は解かれ、以後五箇年の〝遠慮〟となりました。

この赦免《しゃめん》に至るのは、水戸頼房《みとよりふさ》（徳川頼房）が故南部利直の恩義を感じ、松平出羽守直政《まつだいらでわのかみなおまさ》（家康の二男秀康《ひでやす》の三男）と内談のうえ天海僧正《てんかいそうじょう》に説いて、天海は春日局《かすがのつぼね》に相談をもちかけ、奏者番《そうじゃばん》の春日局の孫・稲葉美濃守正則《いなばみののかみまさのり》や老中阿部豊後守忠秋《あべぶんごのかみただあき》を通じて、将軍家光の〝御気色を相窺《あいうかがい》、御免御沙汰有ん事を御取計〟をしたことの顕《あらわ》れでした。

間もない寛永一六（1639）年二月二二日、京橋桶町《きょうばしおけちょう》より出火して火勢頗《すこぶ》る激しく、火炎江戸城を覆《おお》うと告げられた火災に対し、いまだ処分を受けている身を顧《かえり》みず、火事装束《かじしょうぞく》を身に纏《まと》った重直は、自《みずか》ら桜田藩邸を飛び出します。これには「一身を顧みず公儀を重んじ出馬して消防に努めたること奇特なり」と評価され、直ちに重直は遠慮御免《えんりょごめん》となり、すべての罰則《ばっそく》が解かれました。

即座に南部の重臣である八戸彌六郎、北久兵衛、北主馬、毛馬内権之助、毛馬内九左衛門、石井伊賀、中野吉兵衛、桜庭兵助、日戸五兵衛等は盛岡を発して江戸に上り、閣老《かくろう》（老中）に謁して恩赦《おんしゃ》を謝し、国中安堵《あんど》して胸を撫《な》で下ろしたのです。

江戸幕府がはじまり、江戸の街は人口が増えて都市化が進みますが、「火事と喧嘩《けんか》は江戸の華《はな》」といわれるほど火災も多発。それまで日本には組織的な〝消火活動〟が無かったため、火災の深刻化に直面した幕府は〝火消《ひけし》〟の制度化を進めます。

江戸幕府は当初、一部の大名に〝火消〟を担わせますが、その範囲は江戸城や周辺の武家地に限られました。しかし、明暦《めいれき》三（1657）年一月〝明暦の大火〟で江戸の大半が焼かれると、大名火消では不十分なことが判明。直後に旗本による〝定火消《じょうびけし》〟が新設され、八代将軍吉宗《よしむね》の治世《ちせい》には〝いろは四十八組〟で有名な町人の〝町火消《まちびけし》〟も発足します。

＊　＊　＊

「……公方様《くぼうさま》の罰《ばつ》を受けるとはこのようなものか……」

と、重直の脳裏《のうり》にふと浮かんだのは、辻斬《つじぎ》り沙汰《ざた》の際、世話になった豆腐屋の主人の顔でした。

「そうか、盛岡に戻る日が来る……」

家臣とともに重直公自ら、店を訪ねて戸を開けました。

「商売繁昌《しょうばいはんじょう》しておるか……」

「これにおわすは盛岡藩主山城守重直公にござる」

突然何事かと腰を抜かしたのは豆腐屋の主人でした。

「これはこれは、いかがいたしました……」

顔も見ずに低頭する主人に対し、

「いつぞやは世話になった。何か困ることがあれば遠慮無く南部盛岡を訪ねて来るがよい」

重直はこう伝えて、江戸の地を後にします。

しかし、重直の盛岡下りは気が重いものでした。

正室とは離縁。

城内を騒がせた最上奥は暇《いとま》をさせた。

亀姫が身籠もった子は死に至らしめた……

花巻の滞留十日の長きに亘りたるは閨門《けいもん》の悲惨の出来事ありたるによる、公の妾《めかけ》に最上奥といへるあり、出羽最上の産なるより斯く呼ばれたるものにて、元江戸吉原の遊女たり、寛永初年公これを妾《めかけ》とし、同十二年江戸より盛岡に移す、寵《ちょう》厚くして公多くその言に随《したが》へるを以て、士民が最上奥によりて家禄《かろく》を得或《あるい》は寛刑《かんけい》に遇ふもの多し、而《しか》も嫉妬《しっと》強く、大奥に仕へし八木沢亀子が竊《ひそか》に公の寵を蒙《こうむ》れるを探知し、公並《ならび》に亀子を責《せ》む、公これを打ち消せるも亀子は敢《あえ》て隠蔽《ぺい》せざるのみならず、自身の既に懐胎せる旨を告ぐ、最上奥怒り公に逼《せま》りて亀子の処分を求む、公亀子の懐胎《かいたい》を信じぜず、却《かえり》て事を漏《も》らせしを憎《にく》み、四戸下総《しのへしもうさ》に命じてこれを殺害せしめ、その日を以て盛岡出発参勤の途に上る、最上奥心尚ほ解けずして公を花巻に追ひ、罵《ののし》り狂ふて止まず、公もまた大に怒り、金五百両を与へ家臣を附して生国《しょうごく》最上にこれを逐《お》ふ、尚ほ亀子殺害の結果懐胎の事実なりしを聞き、公大に悔悟《かいご》の色あり、後亀子が非命《ひめい》に死せるを憐《あわ》れみ、亀

子大明神と名づけ四戸下総をしてこれを祭らしむ、これ等の事情により花巻の滞留意外に長引きたるなり

　重直が江戸から盛岡に着くと、お抱えの身になっている栗山大膳《くりやまたいぜん》と方長老《ほうちょうろう》が出迎えます。

　栗山大膳と方長老は、盛岡では知らぬことを教えてくれると、重直は二人と懇意《こんい》な仲となり、重直が疱瘡《ほうそう》（天然痘《てんねんとう》）の治療のために行き慣れた温泉で、湯治をともに楽しむ日々も送りました。

　重直は盛岡藩主のなかでも最も温泉に親しんでおり、江戸でも盛岡でも温泉を楽しんでいます。江戸赴任中《ふにんちゅう》には箱根《はこね》に二度、那須《なす》・塩原《しおばら》に六度、熱海《あたみ》・伊《い》東《とう》に三度の記録があります。とくに那須・塩原の湯治では〝鷹狩り〟を伴うことが多く、事前に仮小屋を建てたり、鷹匠《たかじょう》を派遣したりしています。領内では松川《まつかわ》の温泉を汲みに行くように藩士に命じたり、八戸から雫石の温泉（腫《は》れ物

に効く中ノ湯）を取り寄せたいと申し出があり、代官に〝百盃入一樽〟の温泉を届けさせたりしました。

天然痘《てんねんとう》の学名は〝痘瘡《とうそう》〟ですが、昔から「疱瘡《ほうそう》」「豌豆瘡《わんずがさ》」「裳瘡《もがさ》」とも呼ばれました。〝もがさ〟は発疹《はっしん》が顔から始まって下半身へと広がる様子から生まれた俗称です。

痘瘡の原発地や、いつから始まったか、その時期は不詳。しかし、紀元の頃のインドの仏典に痘瘡の記事があるほか、紀元前1157年に死んだエジプトのミイラの顔に痘痕《とうこん》が残るなど、紀元前にすでに中央アジア、エジプトで流行していました。

一説によると、痘瘡は中央アジアを起源に、東西世界に広がったようで、日本に痘瘡の記録が出現したのは、仏教伝来の頃。天平《てんぴょう》七（735）年、九（737）年に大流行しました。このときの流行では、貴賤《きせん》を問わず多くの人が痘瘡になり、亡くなっています。

そのあと、数十年の間隔で大流行が起きましたが、次第にその間隔が短くなり、江戸時代になると、毎年のように流行する常在伝染病になりました。

疱瘡の症状は高熱で始まります。高熱が三日ほど続いた後、水疱《すいほう》が顔から始まって全身に広がり、発疹《ほっしん》は水疱から血疱《けっぽう》に変わり、それが化膿《かのう》して青色を帯び、最後に瘡蓋《かさぶた》になって終わる。その間は七日ほどですが、発疹は一斉に出るのではなく、次から次へと出るため、水疱もあれば瘡蓋もあるといった、いろいろな段階の発疹が混じって現れるのが疱瘡でした。発疹してから十四日から十五日の経過を経て全快しますが、その間に死亡することが多く、怖い病気でした。幸いに治っても、顔には疱痕《あばた》が残り、生まれもつかぬ、ひどい疱痕《あせらく》面になることもありました。

疱瘡を免《まぬが》れる術《すべ》のなかった江戸時代、疱瘡を乗り切った赤子を喜び合い、酒宴など特別の行事をして祝うほか、疱瘡を乗り切ってはじめて名前をつける地方もありました。

＊　＊　＊

盛岡の新丸御殿に、江戸から重直が戻った早々のある日。

「……殿、ご賞味くだされ……」

そういって方長老から差し出されたものは、小さな桶の中に張《は》った白いものでした。

「……これは何だ……」

方長老はその白い塊を幾度か杓子《しゃくし》で掬《すく》い上げて器に盛ると、重直に差し出しました。

「……私の国許《くにもと》で食べられているもので、〝寄せ豆腐〟というものです……」

「これも豆腐か……このようなものは、たしか京の南禅寺《なんぜんじ》でも食したが……なかなかおもしろい。土地や作り方によって豆腐とは、風味や食べた感触がこのように違うものか……うむ。江戸の豆腐はこれとも違うぞ……」

重直は即座に家臣を呼びつけました。

「江戸の豆腐屋を盛岡に呼べ。あの豆腐を盛岡で作らせるのじゃ」

その頃、江戸の豆腐屋は困っていました。このところの不作で思うように大豆を手に入れることができず、おまけに豆腐は食べてはいけないという命が下る事態です。

……桜田藩邸の留守居役が手紙を持って〝豆腐屋〟に伝えました。

「南部の殿様、待っていてくだされ……」

重直は城下町のなかでも、沿岸《えんがん》の塩づくりが盛んな地区から移り住んだ庶民の町である〝久慈町《くじちょう》〟に、江戸の豆腐屋が住む家を与えて商売を始めさせました。もちろん大豆も水もこの土地のものです。そして豆腐作りにかかせない

〝にがり〟の入手は、その隣近所の伝手《つて》で賄《まかな》うことができました。

盛岡藩では天正《てんしょう》一六（１５８８）年、北部海岸の漁村に対し、新たに作る製塩のための直焚法《じかだきほう》（直煮法《じきにほう》）の〝塩釜《しおがま》〟一基について一貫文の税金が課されていて、正保《しょうほう》三（１６４６）年には大槌通五八、宮古と野田通に四三、計一〇一基、天和《てんな》三（１６８３）年には大槌通五八、宮古通二四、野田通四一、計一二三基の塩釜で製塩していました。

方長老は、朝鮮半島（韓国）での豆腐製造方法の知識を得ていました。

韓国料理のスンドゥブチゲの豆腐は〝おぼろ豆腐〟です。韓国の豆腐はトゥブ（豆腐）、ヨンドゥブ（軟豆腐）、スンドゥブ（純豆腐）の三種があり、トゥブ（豆腐）は、チゲ（鍋）用、とプッチム（小麦粉などをつけて焼く）用に分かれていて、これは日本の〝木綿豆腐〟に近いものです。

盛岡の庶民がはじめに、方長老から製法を享受《きょうじゅ》されたのは〝寄せ豆腐〟です。

〝寄せ豆腐〟は今でいう〝絹ごし豆腐〟と同様の口当たりです。

これに対して江戸から来た豆腐屋が作ったものは〝木綿豆腐〟でした。

盛岡で先に庶民に知られた〝寄せ豆腐〟に対して、江戸から来た豆腐屋が作ったものは〝江戸豆腐《えどとうふ》〟と呼ばれて、その食味の違いが喜ばれて大変繁昌します。

その噂が耳に入ると、重直は江戸から来た豆腐屋の店を訪ねました。

「商売繁昌しておるか……」

「はっ、お陰様でこのように商いをさせていただいております。盛岡の大豆と水を使って作りました……」

豆腐屋は、水を張った桶に豆腐を入れて重直の前に差し出すと、

「殿、江戸豆腐でございます。」と申しあげました。

……そんな豆腐屋も、年月を経ると寄る年波に勝てず「南面《みなみおもて》にして葬ってくれ」の言葉を遺《のこ》して亡くなります。

「……私の勝手な願いにもかかわらず、江戸からわざわざ来させて不憫《ふびん》な思いをさせたものだ……」

重直は一体のお地蔵様を石工《いしく》に彫らせました。

庶民も手を合わせやすいようにと街道に向けて祀りましたが、この地蔵尊も知らぬ間に南向きになり、直してもまた南を向くので「豆腐屋さんは江戸生まれだから南を慕うのだろう」と噂になりました。

延命・安産・子育を願い、庶民は縁日に豆腐をお供《そな》えしたということです。

この地蔵尊の敷茄子《しきなす》には〝牡丹《ぼたん》の花〟が刻まれて、当時の江戸の華やかさを盛岡に漂《ただよ》わせているようです。

〝牡丹の花〟は密教の宇宙観を表現した胎蔵界曼荼羅《たいぞうかいまんだら》の周囲にも描かれ、名《めい》物裂《ぶつぎれ》の中で最も格の高い柄とされているのが牡丹唐草文《ぼたんからくさもん》で、曼荼羅の周囲のほか、最上級の表具、仏教装飾にもしばしば用いられていて、牡丹そのものが仏の言葉をあらわす象徴となっています。

……この時はまだ、江戸の豆腐屋は存命だったでしょうか。

盛岡城下の〝札の辻〟に高札が掲げられました。

正保三《しょうほう》（１６４６）年……

十二月二十日初めて領内の酒及び豆腐の価を左の如く定む。

一、売酒唯今までは値段不同に商売士候米少く高値に候間上酒は代十文につき

三盃、中酒は十文に四盃売可申事

一、酒に水を入れ盃数を偽り中酒を上酒と申候て売買仕間敷事

一、酒売事買主見候所にて今度定め候升にて量り渡可申事

一、豆腐売買の事豆腐に念を入れ代二文一挺づつ売買可仕事

一、今度相定候箱にて売可申事　……

これは、京都の南禅寺前の湯豆腐もいただける〝精進料理店 奥の丹後屋〟の創業から一二年後のことでした。

寛永《かんえい》一九（1642）年、重直三七歳。飢饉《ききん》に際し、人々に救米を与えることにより餓死者《がししゃ》は出ませんでした。

寛永二〇（1643）年七月末、オランダ船ブレスケンス号の乗組員が盛岡藩領山田浦に上陸して捕縛《ほばく》されました（ブレスケンス号事件）。船長以下船員は盛岡城に連行され、船長のスハーブが日記に盛岡の印象を書き記します。

『……城壁のある町に来たので、この町で、多分大領主あるいは小さな国王の前に出るため、このような事が起こったのだと気づいた。様々な木のある庭園や、いろいろな店を連ねた大通りがあるこの美しい町を通って、町はずれにある大きな屋敷の木造の高い門の中の離れに案内された』

藩主の重直は、当初彼らは密航《みっこう》した宣教師《せんきょうし》ではないかと疑い、通訳《つうやく》にポルトガル人、スペイン人、フランス人、イギリス人、デンマーク人、スウェーデン人、クレタ人（ギリシャ人）ではないかと質問させ、十字架《じゅうじか》を差し出して祈るようにすると彼らは拒否してオランダ人であると答え、皇帝（徳川将軍）の許可を得て長崎で公益をしたり、江戸で皇帝に拝謁《はいえつ》し、贈り物もしていると答えました。重直はさらに彼らを試すべく聖母マリアが刻まれた銅板を差し出すも唾《つば》を吐きかけ砕《くだ》いても良いかと聞き返したという。これに重直は大笑いして宣教師ではないことを確認し、さらに船員のひとりがポルトガル人はこういうことをする我々の仇敵《きゅうてき》であると体の傷を見せつけました。このような主張《しゅちょう》が重直には気に入られ、船員たちは盛岡で丁重なもてなしを受けると、二週間滞在して江戸へと護送されました。

正保《しょうほう》四（1647）年七月二〇日、方長老および栗山大膳へ重直は〝茶〟を送っています。

一、今朝上林進上夏切一壷は方長老へ被遣、使者ニて御礼　永井仙斎進上夏切一壷は栗山大膳へ被遣、書状并同名大吉を以御礼被申上

茶壺《ちゃつぼ》に詰められた茶葉は密封されたまま夏期を越し、通常、初冬の口切に際して開封しますが、盛夏より前に開封して飲用する茶を〝夏切茶《なつぎりちゃ》〟、茶壺を〝夏切壺〟と呼びます。茶葉の色は鮮やかですが、熟成していないため渋みが強いものです。

慶安《けいあん》二（１６４９）年一〇月三日　重直四三歳。盛岡に江戸の山野嘉右衛門《やまのかうえもん》が重直のご機嫌《きげん》うかがいにやってきました。翌朝、お城では〝江戸豆腐〟も並ぶ朝食の接待をします。

翌々日、ウグイス籠の置かれた新丸御殿の小書院前で、山野は何の罪人か牢から引き出された四人の男を一人ずつ返り血を浴びながら袈裟《けさ》斬りにしてみせました。

七日には御居間前で、今度は新刀の試し斬りに三人の男をそれぞれ首や胴を真っ二つにしてみせます。

重直は血しぶきをあげる姿を家臣たちと見物し「見事である……」と上機嫌

で、山野嘉右衛門に金三〇両、鶴一羽、袷《あわせ》三枚を与えました。

重直のお世継ぎの可能性を見極めた方長老は、精《せい》がつく〝牛乳《ぎゅうにゅう》〟を飲むことを勧《すす》めています。

慶安三（1650）年に方長老が重直に牛乳の飲用を勧め、現在の青森県下北半島（田名部《たなぶ》・横浜《よこはま》）と岩手県北部（種市《たねいち》・久慈《くじ》）で搾乳《さくにゅう》し、竹筒《たけづつ》に入れて盛岡に輸送した記録が承応《じょうおう》元（1652）年まで記されています。竹筒（推定容量500ミリリットル～1リットル）に入れた牛乳を夏季に盛岡まで運んでいますが、腐敗《ふはい》に対する対策の記録はありません。慶安四（1651）年七月二五日に種市を出発し、牛乳を入れた竹筒五個を盛岡に献上した渡辺喜左衛門が八月三日頃帰着したという記録から、片道三日程度と推察されます。

承応《じょうおう》元（1652）年三月二日、来盛してから一八年、六二歳で栗山大膳利章が亡くなりました。盛岡の愛宕山《あたごやま》に所在する法輪院広福寺《ほうりんいんこうふくじ》に葬られます。

〝西木紹山《せいぼくしょうざん》〟の号を大徳寺の江月和尚から授けられると承応《じょうおう》三（1654）年九月、大膳の忠節《ちゅうせつ》を讃《たた》える撰文《せんもん》を方長老が書き、長男大吉利周《としちか》によって碑が建てられました。

以後、大膳の子孫が盛岡藩士に属した際、黒田官兵衛（孝高《よしたか》・如水《じょすい》）が用いた〝如水の赤合子《あかごうす》〟と呼ばれる〝銀白檀塗合子形兜《ぎんびゃくだんごうすなりかぶと》〟が南部家へ献上されました。兜の外鉢の高さは28・2センチメートル、前後の径が27・8センチメートルで〝合子〟とは、蓋付の漆碗などの器を指します。

明暦《めいれき》二（1656）年二月五日、芝の下屋敷を以て、浅野内匠頭長矩の麻布屋敷と換えて下屋敷とす。

この年一月一八日、江戸本郷円山本妙寺から出火、八百余町焼失、焼死者十万二千余人という未曽有の大火となり「振袖火事《ふりそでかじ》（同じ振袖を着た娘が三人も続けて病死したので、その振袖を焼こうとしたら、火のついた振袖が空に舞い上がって寺に燃え移った）」と呼ばれる。翌日には江戸小石川伝通院《でんつういん》前から出火し、八州河岸・大名小路焼ける。別に番町から出火、愛宕下・増上寺門前・海手まで。よって、南部家の〝桜田上屋敷〟も類焼したため、幕府は屋敷を焼亡した大名の帰国を許し、佃島《つくだじま》の屋敷に置いていた江戸吉原遊女町（新吉原）より身請けした吉田（京町三郎右衛門抱）という女と付き人・吉岡半左《よしおかはんざ》衛門《えもん》を伴って帰国します。吉岡は本国美濃大垣の人で、慶長《けいちょう》時代に武者修行として諸国を経歴する道すがらで盛岡に来た時、利直に召し抱えられて御馬廻《おんうままわり》を勤めていました。

明暦三（１６５７）年、日詰《ひづめ》から盛岡間の街道（奥州道中）を付け替え、日《ひ》詰《づめ》から津志田《つしだ》間には松並木を植えて整備しました。重直五二歳。

万治《まんじ》元（１６５８）年四月二五日、二代将軍秀忠の七回忌の大赦《たいしゃ》により、二四年過ごした盛岡を後にして方長老は江戸へ帰ります。別れを惜しむ者が多く、藩においても特に賄方《まかないかた》および足軽若干名をつけて江戸まで護送しました。

規伯玄方（方長老）は、寛文《かんぶん》元（１６６１）年一二月一四日、南禅寺《なんぜんじ》末寺の大坂九昌院《きゅうしょういん》（後年、建国寺《けんこくじ》と改称）で死去。享年七四。

寛文《かんぶん》元（1661）年七月一六日、真夏の最中、重直はたいへん疲れた様子で江戸から盛岡に帰国します。二二日の朝、少々痛いところがあり、医師が薬を飲ませせました。

重直は「狼《おおかみ》の頭を二つ、三つ見つけてくれないか。皮などは要らぬ。鉄砲以外の方法で、狼を捕らえて手柄《てがら》を立てよ」と家臣に命じ、重直は狼の頭蓋骨《ずがいこつ》を枕元に置くなどして頭痛の原因である憑《つ》きものを落としたいと考えました。狼が効くことは民間信仰でも知られており、鉄砲以外というのは、傷などが無い頭蓋骨が欲しかったからです。

八月二日、捕らえて間もない〝生臭《なまぐさ》い狼の頭〟を置いてみても重直の頭痛は治る兆《きざ》しが見えません。不思議にも、お寺から〝お守り札〟を戴くと落ち着きをみせました。

しかしその後は、重直は時折、鷹狩りに出るものの以前のようではなく、体調が良くない様子がにじみでてきます。

八月三日、重直は公家毛馬内九左衛門に命じ、譜代の諸士五〇〇石以下の者、四七人をその邸に召して禄を没収せらる、これ譜代の諸士が多く粗野にして容姿整はず、動作また敏活《びんかつ》ならずといふにありて、没収するところの禄高六千四六〇石に上れり。

改易されたうちの一人、田子上参郷（一八石）は「田子上参郷御扶持被召上候へ共、八幡御神事役者ニ候間、如何可申付哉之由、笠間三之助・大ケ生長左衛門申上候付、左様役者、其上地方作百姓並之者ニ候は、其侭指置可申（田子上参郷の扶持を召し上げたが、八幡の神事を司る者であるので、いかがしましょうかと三戸城代が申し上げたので、神事を司る役目を担っていて、そのうえ百姓同様の者であるから、そのままとするように）」というような、十分な吟味《ぎんみ》がなされないままに改易に処されたため、三戸城代からの訴えにより召し返されたりしています。

また、改易に処した者は、久慈・閉伊と鹿角の三郡内の村に居住するよう制限されたりして、蔵入地《くらいりち》の拡充と家中の知行地再編を意図した改易と推測されるものの、かなり強引な手法で改易が断行されました。強引な手法のために、家臣の名簿である身帯帳《しんたいちょう》に重直が目を閉じながら墨で線を引いて改易する者を決めた「盲点御暇《もうてんおいとま》の人数」の逸話が残されていて、重直の暴君ぶりが語られている一面もあります。

八月三〇日、丹頂鶴《たんちょうづる》を求めて二人の家臣は北海道の松前《まつまえ》を訪ねます。九月二七日、重直はこの日以後、〝御鷹狩〟に出ることはありませんでした。一〇月四日、生きた丹頂鶴が二羽届きますが一羽につき金一〇両の支払いでした。松前からの運搬は暴れる丹頂を竹籠に入れ、津軽海峡は船に乗せ、陸路は人足が竹籠に棒を通して前後に担ぎ、険しい山道のなか丹頂を宥《なだ》め賺《すか》して運びました。この鶴は飼い鳥係の山口三七に渡され、風切り羽を切り落とし城内に放し飼いされます。しかし重直公は四日経つと丹頂をもう一羽所望しましたが、一羽が良馬一頭を上回る値でした。

　重直は、庭に放した丹頂鶴の様子を機嫌よく鑑賞していましたが、その日の料理に酒の肴が足りないと伊達領の仙臺《せんだい》まで人を送り、鯵《あじ》、鱵《さより》、鱒《ます》、魳《かます》を二〇ずつ買い、粕漬《かすづ》けにして運ばせよと自ら言い出しました。江戸前で食した魚を鶴を見ながら食べたかったようです。

　一〇月九日、重直に姫君が誕生したので、翌日、高知《たかち》の衆《しゅう》（高禄の家臣）がお祝いに登城します。

　寛文《かんぶん》二（1662）年、正月に重直が〝初鷹野《はつたかの》〟に出ることはありませんでした。

　三月一六日、重直は江戸に向かいますが、これが最後の参勤でした（五六歳）。

　このところ狩りに出ていない重直のことを風の噂で聞いたのでしょう。これは、山野なりに重直を元気づけるための行動だったのかもしれません。

山野嘉右衛門は、江戸町奉行の村越長門守《むらこしながとのかみ》から牢屋《ろうや》である人屋《ひとや》の罪人一人を貰い受けると、重直の〝御腰物（刀）〟を用いて成敗します。重直は、これを見物するため、下屋敷に出掛けました。

江戸時代中期には山田浅右衛門《やまだあさえもん》の一族が〝御様御用《おためしごよう》〟となり、その職務は代々世襲されました。

実際によく切れた日本刀には〝截断銘《さいだんめい》〟〝業物位列《わざものいれつ》〟などが付けられています。截断名とは、試し斬りで罪人の死体を切断し、その結果を茎《なかご》に金象嵌《きんぞうがん》で記した銘のことです。例えば〝二ツ胴〟〝三ツ胴〟〝四ツ胴〟など。二ツ胴とは〝一振りで、罪人の死体二つを重ね切りできた刀剣〟ということ。

最高は〝七ツ胴落とし兼房〟という〝七ツ胴〟で、罪人の死体を七つ重ねて切れた日本刀があります。

〝業物《わざもの》〟とは、試し斬りの実例をもとに評価した、刀剣の切れ味による刀工の分類のことです。

截断銘は銘に記された物ですが、業物は『懐宝剣尺《かいほうけんじゃく》』『古今鍛冶備考《ここんかじびこう》』という書籍にまとめられ発表されました。

業物には、優れている順から〝最上大業物《さいじょうおおわざもの》〟〝大業物《おおわざもの》〟〝良業物《よきわざもの》〟〝業物《わざもの》〟の四段階があります。

寛文《かんぶん》三（1663）年、盛岡に帰国の年ですが、重直は盛岡に戻りません（五七歳）。

七月二六日、重直の母堂・於武《おたけ》の方が桜田藩邸で亡くなりました（芳名・源秀院殿寶誉正玉大姉）。

覺山地蔵尊《かくざんじぞうそん》が境内に所在する光臺寺《こうだいじ》本堂の西側に隣接して、葬られている源秀院殿《げんしゅういんでん》とは、南部家二十七代信濃守《しなののかみ》利直の正室で、会津藩の蒲生飛騨守氏郷の養妹《ようも》（義妹）とされる於武《おたけ》の方のことです。

盛岡で殿様と呼ばれる南部家。その南部家墓所は、北山寺院群の東禅寺と聖寿寺に所在しますが、於武《おたけ》の方の墓は通称〝ムカデ姫の墓〟と呼ばれていて、この五輪塔の形と同等のものは数基あり、五輪塔本体は高さが約3・6メートル程で、南部二十八代山城守《やましろのかみ》重直の五輪塔とほぼ同形状です。しかし、墓全体の規模は他に例を見ないほど大きなものです。参道には花崗岩《かこうがん》の敷石が10メートルほど続き、高さ90センチで約8メートル四方の花崗岩の基壇が設けられ、その上に安山岩《あんざんがん》の五輪塔《ごりんとう》が建ちます。五輪塔は上から順に空輪《くうりん》（相輪《そうりん》）、風輪《ふうりん》（露盤《ろばん》）、火輪《かりん》（笠《かさ》）、水輪《すいりん》（塔身《とうしん》）、地輪《ちりん》（基礎《きそ》）、反花座《かえりばなざ》、上段台座、下段台座からなりますが、この塔で特徴的なのは、水輪の正面に阿弥陀三尊《あみださんぞん》の〝梵字《ぼんじ》〟が刻まれていることです。

この墓所の石材は、安山岩《あんざんがん》が使用されている箇所が限られていて、塔と失われた柵石の基礎部分、その柵の内側左右の手前角に置かれた対の灯籠の地輪と竿（高さ1メートル弱）です。これ以外はすべてが花崗岩で、地元産とみられ、盛岡市街中心部の古地名で〝斗米《とっこべ》〟と呼ばれる界隈の石場から切り出されたものと伝承されます。斗米は当時、巨大な岩がたくさん露出《ろしゅつ》していた場所で、狐が住み〝どっこべ稲荷〟の伝承もあります。また、「とっこべ寅子に馬場松子、石間《いしあい》亀子に騙《だま》されな」という古謡も伝わりますが、とっこべは城下町の普請において、そのような岩の産出により、奥州街道の道筋を周回させなければならない場所でもありました。

ところで、なぜ「ムカデ姫」と呼ばれているのでしょう。

会津藩蒲生家の先祖にあたる藤原秀郷《ふじわらのひでさと》（俵藤太秀郷）が近江・琵琶湖畔の三上山《みかやま》の大ムカデを退治した際の鏃《やじり》（矢の根・矢尻・利雁矢《とがりや》とも呼ばれ、矢柄《やがら》の先端に付け、目標物を突き刺すように作った部分。弓より放たれた矢に鋭利性と貫通力の高さで威力を発揮するもので、射切ることを目的として主に狩猟などに用いられる）を持参して南部に輿入《こしい》れ（文禄《ぶんろく》3・1594年）したのが於武の方でした。

『ムカデ退治』

朱雀天皇《すざくてんのう》（第六十一代・在位930〜946年）の時代、下野国の官吏の藤原村雄朝臣の嫡男で、藤原秀郷《ふじわらのひでさと》という武将がいました。

ある時、近江国の瀬田《せた》の唐橋《からはし》に大蛇が横たわって人々の通行を妨《さまた》げていたため、そこを通りかかった秀郷は、臆《おく》することなく大蛇を踏みつけて平然と渡ってしまいました。

その夜、美しい娘が秀郷《ひでさと》を訪ねてきました。娘は琵琶湖《びわこ》に住む龍神一族の者で、昼間、秀郷が踏みつけた大蛇は、この娘が姿を変えたもので、大蛇に姿を変え勇猛な者を探していたという。娘は、龍神一族が三上山《みかみやま》の〝大百足《おおむかで》〟に苦しめられていると秀郷に訴えて、勇猛《ゆうもう》さを見込んで百足退治を懇願《こんがん》しました。

秀郷はこれを引き受け、伝来の太刀と得意の弓を持って三上山に向かうと、山を七巻半する〝大百足〟が現れました。秀郷は得意の矢を射ましたが大百足には通じません。最後の一本の矢の鏃に唾《つば》をつけると、八幡神に祈念《きねん》して放ち、見事に大百足を射止め、刻んで捨てました。

翌朝再び娘が現れ、百足退治の礼として、巻絹、俵、赤銅の釣鐘を贈られます。俵は米を取り出しても尽きることがなく、このことから秀郷は〝俵藤太《たわらのとうた》〟と呼ばれるようになりました。

またその後、月の明るい夜更けに再度娘が現れて、秀郷を湖水（琵琶湖《びわこ》）の中にある龍宮に招き、饗応しました。湖水の主の龍王は「御身の子孫のために、必ず恩を謝すべし」といって、黄金札《こがねざね》の鎧、黄金作りの太刀を与え、「これで朝敵を滅ぼして将軍に任ずるように」と、さらに〝釣鐘《つりがね》〟を取り出して「日本国の宝になし給え」と与えました。秀郷は、鎧と剣は武士の重宝として子孫に伝え、釣鐘は近江の三井寺に寄進しました（この梵鐘は〝弁慶の引き摺り鐘〟として知られています）。

『弁慶の引き摺り鐘』

三井寺《みいでら》（滋賀県大津市園城寺）初代の梵鐘で、奈良時代の作と伝わります。

むかし、承平《じょうへい》年間（10世紀前半）に田原藤太秀郷《たわらのとうたひでさと》が三上山《みかみやま》の百足退治のお礼に琵琶湖の龍神からいただいた鐘を三井寺に寄進しました。のち、比叡山延暦寺《ひえいざんえんりゃくじ》との争いで弁慶が三井寺に攻め入り、鐘を奪って比叡山へ引き摺り上げて撞いていてみると「イノー、イノー（関西弁で帰りたい）」と響いたので、弁慶は「そんなに三井寺に帰りたいのか」と怒って鐘を谷底へ投げ捨ててしまいました。鐘にはその時の傷痕や破目が残っています。

於武《おたけ》の方が亡くなると、遺体にはムカデが這《は》いまわったようなアザが浮き出したり、遺体を安置していた跡がムカデ型に変色していたなどの噂にはじまりますが、そのような仕業はすべて鏃《やじり》に籠《こも》ったムカデの怨念《おんねん》であろうと、当時の藩主南部山城守重直は、そのような母堂の霊前に合掌して、ムカデは水を嫌うことに倣い、濠《ほり》を廻《めぐ》らせた墓を造るよう江戸から命じました。木柵を廻らせ、濠には木製の太鼓橋を架けましたが、どこからともなく無数のムカデが現れると一夜のうちに橋や柵は喰い尽くされ、壊されていました。その後何度橋を架け直しても壊されることを繰り返し、さらには墓所に敷き詰めた石の隙間からもムカデが這い出てきたため、溶解した鉛《なまり》を流したとも伝わります。このような一連の騒動は、光臺寺の大阿和尚が一躰の仏像を刻んで祈祷すると鎮まりました。南部家では寺領一五〇石を与え、伽藍を建立して供養します。

墓所に建つ説明板は、次のように伝えています。

ムカデ姫のお墓由来

この墓は南部二十七代藩主利直の奥方源秀院殿のお墓です。源秀院殿は、蒲生飛騨守氏郷の義妹で、名は於武といって文禄《ぶんろく》三年（1594）三月、南部家へお輿入れしました。その時蒲生家の祖、俵藤太秀郷が近江の石山で、大ムカデを射止めた時にもちいたと伝えられる矢の根をみやげとしました。その後、利直が亡くなり、於武の方も寛文3年7月26日、江戸桜田の邸で逝去されましたが、姫の遺言によってここに葬りました。当時、お墓の前には濠があって、南部家ではこれに太鼓橋をかけることになり、いよいよ竣工して渡り初めという日に、一夜のうちにその橋がさんざん破壊されておりました。その後、何回かけても橋がこわされてしまうので誰いうとなく、「それは大きなムカデが出て橋をこわしてしまうのだ」といううわさがたち、そのうわさが殿様の耳にも入り、たいへん不吉なことと考えられました。そこで墓参の当日には朝早くからたくさんの武芸者を見張番につけて、数千人の人夫を雇い入れて、一気にその日のうちに工事を終え、橋を完成させました。しかし、その後もこの附近には俵藤太に射られたムカデの毛がことごとく蛇に化け、その蛇はみな片目であったと言い伝えられております。このことが、また城下の評判となって誰いうとなく「ムカデ姫のお墓」と呼ぶようになりました。

源秀院の葬儀法要は次のように営まれたことが『盛岡藩雑書《もりおかはんざつしょ》』に記されま

す（『盛岡藩雑書』は盛岡藩家老の日誌で、寛永《かんえい》二一・正保《しょうほう》元・1644年～天保《てんぽう》一一・1840年までの197年間にわたる盛岡藩領内でのできごとが記されていて、原則として1年間のできごとが1冊にまとめられています。毎日の日付と天候、当番の家老の名前が記載され、本文の内容は農林業、鉱業、漁業などの産業に関わるものや法制、宗教、年中行事、事件事故の他自然現象など多岐にわたるもの。三代藩主南部重直が死去し、八戸藩が分立することとなった寛文《かんぶん》四・1664年や、岩手山の大規模な噴火が起こった貞享《じょうきょう》三・1686年分を含めた14年分が欠本していますが、200年近くにわたって盛岡藩領内のできごとを記述した公的な文書として、盛岡藩の歴史を知る重要史料）。

寛文《かんぶん》三（1663）年七月二六日、朝六半時（午前七時）に源秀院は亡くなりました。寛永《かんえい》九（1632）年に夫の利直を亡くしていることから、剃髪《ていはつ》して源秀院となります。法名（戒名）は、源秀院殿寶誉正玉大姉。

八月八日、源秀院様御死骸御到着（盛岡光臺寺）。

八月一四日、葬礼において同心たちに無作法な振る舞いがあり、入牢者《じゅろうしゃ》がありました。

この〝無作法な振る舞い〟とは、前記のようなムカデ現象を見た、知った家臣たちは、気味悪がって恐れたのではないかと推察されます。

九月一六日、岩鷲山（岩手山）に初雪の記録。秋から冬の季節を迎え、寒さが厳しくなる中で墓所の建設が進められたことが窺えます。

九月二三日、源正寺（源勝寺《げんしょうじ》）・法花寺（法華寺《ほっけじ》）の寺屋敷地を現在地に移して源秀院様の石塔建立の地としました。

九月二五日、とっこへ（斗米・とっこべ）にて、石切ノ日帳付とあり、墓所の石垣（基壇）および敷石引候奉行が申付られました。

一一月六日、百箇日。

一二月二五日、石塔の石材は石巻より川舟にて盛岡へ着岸候付て、改光臺寺に指置候様にとあり、墓碑の五輪塔は仙台領の石巻で調達され、北上川を遡ると二八日、船場（盛岡・新山河岸か？）で引き上げの際、石塔の廻り垣の石柱一本が貫穴の下で折れてしまい、不吉なこととして奉行の責任問題になります。

於武の方が没して〝源秀院殿《げんしゅういんでん》〟となると、ムカデに関連した怪奇現象《かいきげんしょう》の噂は、石材の破損事故《はそんじこ》の不吉な印象により増幅誇張《ぞうふくこちょう》されて庶民に広まったことでしょう。これを発端に於武の方を〝ムカデ姫〟、墓所を〝ムカデ姫の墓〟と呼ぶようになりました。

墓碑を刻むため、大坂の石工棟梁武兵衛が招かれ、子孫は紺屋町《こんやちょう》に定住し、南部利済《なんぶとしただ》（盛岡藩主十二代）のとき盛岡城の本丸普請を担当した功で三人扶持の苗字帯刀の身分となる云々。

また、於武《おたけ》の方は享年八三歳とする説があり、この場合の輿入《こしい》れは一四歳の頃と推定されます（天正《てんしょう》八・１５８０年生まれか？）。

於武の方が南部藩に輿入れする以前は、俵藤太がムカデを退治した〝鏃《やじり》〟は蒲生家に所在していて「会津磐梯山《あいづばんだいさん》は宝の山」と謡《うた》われるほどでしたが、南部に移されると、藩内に所在する鹿角《かづの》・尾去沢《おさりざわ》から掘り出された金の量は計り知れず、盛岡築城と街づくりを支えることになり、草創期の藩主（利直《としなお》・重《しげ》直《なお》・重信《しげのぶ》）は財政的にも潤沢《じゅんたく》な時代を生きました。

南部家の墓所が所在する大光山聖壽禅寺《しょうじゅぜんじ》には〝マリア観音像〟が所蔵されています。円筒型厨子に納められ、観音像の姿に似せて造られた合掌印を結ぶマリア像。銀製と見られ、像高わずか2センチメートルほど。於武の方が蒲生家《がもうけ》より輿入れの際に持参したもので、兄である蒲生氏郷がキリシタン大名であったことから、その影響を受けたものです。

百足は〝非常に凶暴で攻撃性が高い〟印象や、〝絶対に後ろに下がらない（後退しない）〟という俗信、脚が多いことから〝兵が多い（大軍）〟という連想や、多くの卵を産み温めて子育てをする性質を〝子孫繁栄〟と解くなどして、武士が好む性質を持ち合わせていることから、戦国時代には兜の前立や旗差物《はたさしもの》、または甲冑や刀装具にムカデの装飾を使用することが流行します。また、脚の多いことから、伝令をムカデに例えたりしました。

相馬中村藩に起源する相馬野馬追では〝下がりムカデ〟の旗が軍師の指物です。

武田氏の金山衆《かなやましゅう》は、トンネル戦法を得意とする工兵部隊で〝百足衆〟と呼ばれるなど、大蛇が河川を象徴して砂鉄の採集や製鉄の技術者集団と比較して、ムカデは地下坑道を掘り進んで自然金などの鉱石を採集する技術者集団を表しています。

このようなムカデは赤城山《あかぎやま》の御神体、または〝毘沙門天《びしゃもんてん》〟の使いとして神格化され、商家においても〝脚が多い＝御足（お金）・客足が多い〟、強い攻撃性から〝他店に負けない〟という意味で縁起物として家紋や店紋、店名に使用したり、宮城県の南部では養蚕業の大敵であるネズミがムカデを嫌う言い伝えと毘沙門天の使いであることが入り交じり、養蚕《ようさん》業者の信仰を集めます。

そのような盛岡藩の財政を支えてきた莫大な産金も、於武の方（源秀院殿）が亡くなってからは下降線を辿ることになります。


重直は母堂の遺骸を江戸で見送ります。

寛文《かんぶん》三（１６６３）年八月一四日、盛岡では源秀院の厳粛な葬儀で多数の町人も参列しましたが、重直は江戸から帰りませんでした。

八月一七日、御用に立たないハイタカ、ハヤブサを放せと重直から通達があり、鷹匠が吟味《ぎんみ》してハイタカ一二羽、ハヤブサ六羽を〝放生会《ほうじょうえ》〟という仏の供養として放しました。

寛文四（１６６４）年四月一三日、重直は将軍家に敬意を表して日光の東照宮を参拝します。

七月六日、江戸の家老から盛岡に飛脚がありました。

「殿様はご機嫌はよいが、この数日お腹に秘結《ひけつ》がある。ご苦労しておられるので盛岡で祈祷《きとう》した御札を送るように」

殿様は美食に運動不足でひどい便秘だと、新丸御殿では七日間、千座の護摩《ごま》祈祷《きとう》を営み、永福寺、観音寺をはじめ三六人の僧が殿様のお通じを盛大に祈ります。

九月一二日、狩り好きの殿様であった重直は、江戸の藩邸で寝付いて数日間、目をつむり何を尋ねても返事をされないままに亡くなりました。享年五九（法号・即性院殿前城州大守三峯宗玄大居士）。

遺骸は一三日の夜、子の刻（九ツ時）、江戸を出立。

盛岡には容体が一五日戌ノ刻に飛脚により伝わり、城内では千座之護摩を永福寺に申し渡し、夜より城内で千座ノ護摩執行。同日に「御気色が悪い」との飛脚があり、御家中は跡継問題に揺れはじめます。一七日寅ノ刻に重直死去の知らせが飛脚により伝わる。二一日には遺骸を迎えるため老中等が郡山《こおりやま》（紫波日詰）に向かい、二五日酉ノ刻には花巻、二六日申ノ刻に盛岡城御居間に遺骸が到着し、同晩には聖寿寺、御家中が焼香している。二七日には御葬礼場（願教寺）で地鎮祭を行っている。また、重直の江戸出立と前後して盛岡を発った重信と直房が江戸に到着し、途中桑折宿で重直の遺骸と対面している。二九日に遺骸は盛岡城大手口を出て、光台寺の源秀院の石塔の前を通り、午ノ刻に聖寿寺に到着し、晩には御法事を行っている。一五日付で御葬礼の作法は南宗院（利直）のとおりとし、一八日付で御葬礼（火葬）のための火を羽黒山に取りに遣わしている。一〇月九日巳ノ刻には御葬礼のため、聖寿寺を出立している。一一日朝卯辰ノ刻に御灰寄《ごはいよせ》。同月晦日には四九日の御法事が聖寿寺で営まれている。また、一一月二九日には重直と源秀院の御歯骨を高野山に納めるように家臣に指示が下される。

盛岡藩の歴代藩主の墓所は、北山の東禅寺とともに聖壽禅寺（聖寿寺）に所在しますが、盛岡に埋葬された最初の盛岡藩主でもあります。

高野山奥の院の墓石（供養塔）は寛文《かんぶん》五（１６６５）年三月から七月にかけて、聖壽寺の墓石は一周忌にあたる九月一四日に完成。殉死《じゅんし》は寛文《かんぶん》四（１６６４）年一〇月一〇日に局の儀俄惣左衛門の娘、葬礼後に墓前で絶食死した近侍《きんじ》の桑村立太、寛文五（１６６５）年一二月一二日に家臣塩川八右衛門の三名。

平成《へいせい》八〜九（１９９６〜１９９７）年に重直墓所（五輪塔）の解体修理がなされ、地下の埋葬施設を調査した結果、五輪塔直下の深さ２・５メートルの墓坑に埋納された常滑焼《とこなめやき》の大甕《おおがめ》から火葬骨とともに慶長小判12枚、寛永通寶《かんえいつうほう》、皇《こう》宗通寶《そうつうほう》などの銭貨が出土しました。大名家の墓所から小判が出土した事例は、仙台藩三代藩主・伊達綱宗《だてつなむね》、島原藩二代藩主・松平忠雄《まつだいらただお》、そしてこの南部重直と三例しか報告されていません。盛岡藩政初期の豊かな財政をうかがわせる貴重な資料となっています（常滑焼大甕（甕棺）高さ72・１センチ、口径38センチ、最大径55センチ、底径15・１センチ。慶長小判は縦７〜７・９センチ、横3・7〜3・9センチ)。

重直は男子なくして没したため、南部藩は利直五男の重信が重直の後継となり、利直七男の直房は八戸藩祖となって分割されました。

盛岡藩一〇万石が八万石になり、新たに南部直房(重直弟)を藩祖とする二万石の八戸藩が誕生します。

『南部史要』では盛岡藩主三代南部重直の生涯につき、次のように要約している。

公性剛勇《こうせいごうゆう》にして容姿威儀《ようしいぎ》あり、而《しか》も民に臨む峻烈《しゅんれつ》にして国人皆これを畏《おそれ》る、平素頗《すこぶ》る遊猟《ゆうりょう》を好み、江戸にある時と雖《いえど》も屢《しばしば》近郊に狩し、在国に際しては常に山野に馳駆《ちく》し、士卒《しそつ》に先《さきだ》ちて危険の地に臨む、嘗《かつ》て岩手山の麓に狩せしに俄《にわか》に大雷雨あり、人ありて曰《いわ》く山神の怒りに触れたるものなりと、公聞きて大に怒り、山神我国に寄食す何ぞ我遊猟を妨ぐるやと、士卒に命じて山上に発砲せしむ、また麻布の下屋敷にて自ら罪人を斬り、腰刀を検《けん》せるが如《ごと》き、以てその性質の一斑《いっぱん》を見るべし、当時天下新たに治まり太平三十年に及べるより、東都の士人戦を忘れて奢侈《しゃし》に流れ、衣服を飾り威儀を繕《つくろ》ふ、この風俗諸家に移り、諸候の貴きを以て屢《しばしば》遊里に微行して、賤婦《ぜんふ》を弄《ふう》し芸人を近づく、時に我藩鹿角の産金夥《おびただ》しく富諸候に冠《かん》たるを以て、公は衣服刀剣に綺麗を飾り都会を横行す、而《しか》も公の世臣《せいしん》等皆奥北にありて武芸を専《もっぱ》らとし、風流《ふうりゅう》に暗く容姿に頓着《とんちゃく》せず、これを以て公は更に遊芸伎能の士数十人を招き、禄《ろく》を賜《たま》ひ近侍《きんじ》たらしめ、世臣の容姿整はざるものは禄を没収して逐《お》はるゝもの少なからず、尚《な》ほ公は国中を壁土《へきど》として賤《いやし》み多くは江戸にあり、晩年に至り奢侈甚《しゃしはなはだ》しく、また仏を崇高して多く堂を建て鐘を鋳《い》る、その鐘銘は多く方長老の記するところなり。

公二男二女三養子あり、長子長松、二子吉松、長女楽子、二女吹子、第一養子久松（山田利長の子にして公の甥）第二養子直勝（佐倉藩主堀田正盛の子）第三養子権之助（八幡別当普門院の子）不幸にして悉《ことごと》く早世す、尚ほ姻家加藤嘉明の末子内蔵助《くらのすけ》を養子とせしも、嘉明の嗣子明成罪ありて家禄没収せらるゝと共に、内蔵助また離別せらる。

盛岡南部藩の江戸屋敷

地方大名は、徳川将軍家に忠誠を表す意味において、その妻子を江戸屋敷に常住すること、一年毎に藩主自身が江戸屋敷に駐在することが、将軍に対する義務でした。したがって江戸屋敷の経営存置は、いずれの藩にあっても重要な意義があり、南部氏の江戸屋敷も帰国に際し、幕閣の使者到来に加えられていました（一五万石以上の資格）。

盛岡南部藩の江戸屋敷は、慶長《けいちょう》五（1600）年に下給されたと伝えられますが明確ではありません。徳川家康が征夷大将軍に補任されたのは慶長八（1603）年二月一二日ですから、そのとき南部氏の江戸屋敷（桜田藩邸）は既に完成していたものと推察されます。利直の嫡子権平（重直）は、慶長一一（1606）年三月九日江戸桜田邸で誕生したことから、利直夫人（於武の方）は慶長一〇（1605）年には江戸屋敷に駐在していたのでしょう。

明暦《めいれき》三（1657）年正月の江戸大火では桜田の屋敷が焼失し、重直は麻布の下屋敷に避難しました。寛文《かんぶん》五（1665）年には、盛岡藩より八戸藩が分立して、新屋敷を江戸本所に百間四方一万坪で宅地を給せられました（享保《きょうほう》年麻布《あざぶ》市兵衛町に藩邸あり）。

元禄《げんろく》七（1694）年八月、盛岡南部藩は藩主行信の弟・南部主税政信に五千石を給して幕府に出仕せしめ、この政信の子孫は江戸麹町邸に住し、後に麹町候と称せられました。同年、政信の弟南部主計勝信らは三〇〇〇石を給し、これも幕府に出仕せしめました。この家は後に三田候と称せられます。このほか麹町邸や三田邸が、盛岡藩南部氏の所管であったのか、新たに幕府から給されたのかは明らかでありません。

元禄《げんろく》一四（1701）年六月、盛岡南部藩は、江戸築地の下屋敷をもって、芝愛宕下の神尾五郎大夫の屋敷と交換しました。宝永《ほうえい》三（1706）年九月、愛宕下の下屋敷を、江戸幸橋の秋田信濃守の屋敷と交換したという。このように種々なる沿革があり、これ等邸宅は、永い間に火事で焼失したり地震で倒壊したりしています。

上屋敷　六〇一三坪　幸橋御門内
中屋敷　二〇〇〇坪　鉄砲洲築地
（天保《てんぽう》八・1837年、松平伊豫守の下屋敷品川大崎村一五〇〇坪交換）
下屋敷　二万八〇〇〇坪　麻布一本松
抱屋敷　二万三〇〇〇坪　大志田村
抱屋敷　五四七三坪　中野村・本郷村の内
町並屋敷　三七三坪　深川猟師町・佐賀町
天保一三（1842）年九月幕府へ書上　参酌。
この他に河岸地面一一四坪があったという。
京都にはさらに南部藩として岡崎に屋敷がありましたが、その沿革についての伝承は不明。豊臣政権下で南部信直夫人と世子彦九郎利正（後の利直）が在京を命ぜられたほか、利直が家職を継いでから、将軍家に随行して再三京都入りしており、近江《おうみ》にも幾村かの領地を給せられましたが、その詳細も不明です。

なお、豊臣政権下において京都伏見南部町に信直と利直各々の屋敷があったという。

伏見桃山御殿御城之画図においては〝南部修理大夫〟〝南部中務少輔〟〝南部大膳大夫〟の三棟屋敷を拝領していたことがうかがえる。

寛永江戸図においては、桜田に利直（南部しなのの）と重直（南部山城）と各々の屋敷を確認することができます。

江戸東京博物館には、『盛岡藩南部家外桜田上屋敷図』『盛岡藩南部家麻布下屋敷絵図　文化《ぶんか》三（1806）年写』が収蔵されています。

陸奥盛岡藩邸（桜田藩邸）は、現在の日比谷公園の一角にあたり、千代田区立日比谷図書文化館と日比谷公会堂の位置にあたります。

また、和歌山県高野山金剛峯寺奥之院《こんごうぶじおくのいん》を訪ねると南部家の供養塔が巨大な石材の五輪塔で建ち並んでいます。

陸中盛岡南部家供養塔

二代盛岡藩主・南部利直（南宗院殿月渓晴公居士）
利直の正室・於武（源秀院殿寶誉正玉大姉）
三代盛岡藩主・重直（即性院殿三峯宗玄居士）
三代重信の正室・於俊（大智院殿心月妙院大姉）などが確認できます。

これらの供養塔の管理は宿坊の遍照光院《へんじょうこういん》です。快慶の作という本尊・阿弥陀如来と弘法大師作の柿不動尊が祀られています。本坊は江戸時代の建物で、玄関には「南部利直建立」と記された扁額《へんがく》が掲げられています。

もしかしたら、利直は〝高野豆腐〟を口にしていたのかもしれません。

◆　◆　◆

盛岡にはもう一体、豆腐に纏《まつ》わるお地蔵さんが寺ノ下寺院群の真言宗智山派湯殿山連正寺《れんしょうじ》にあります。

作者、寄進者の氏名などは不明であるが、身丈二尺の尊像で約四〇〇年を経ていると推定され、仏教美術的に価値の高いものといわれる〝豆腐買地蔵尊〟と呼ばれる地蔵尊が寺ノ下界隈の連正寺にある。

豆腐買地蔵尊のいわれは、寄進者の母が病床にあるとき、豆腐が食べたいと言われて、買ってきてはせっせと食べさせたところ明日をも知れぬ身であった重病人が持ち直して全快するに至ったという。その御利益に喜んで寄進したのがこの地蔵尊だと伝えられている。

寺ノ下界隈に、貧しくも仲むつまじい母子が住んでいて、地蔵尊を信仰していました。飢饉《けかち》が続いたある年、母親が〝むくみ（栄養失調）〟にかかって明日をも知れぬ状態の身となります。孝行な息子は、近所の豆腐屋から〝おから〟を分けてもらっては命をつなぎながらも、母親には三度に一度は好物の〝豆腐汁〟を食べさせていました。しかし、無理がたたってしまい、息子も倒れ、いよいよ餓死を待つばかりとなった日の未明、台所の戸が静かに開いて、見知らぬ小僧が物も言わずに〝豆腐〟をはしり（流し）に置いて立ち去りました。翌朝も、その翌朝も……と続きました。ある日、気になった息子が、小僧の後をこっそりつけてみると、小僧は連正寺の御堂の中に、音もなく消えていきました……。

先に掲載した盛岡城下の豆腐の価格設定の記述の年代から推定すると、この豆腐買地蔵尊の話も盛岡で豆腐が庶民の口に入る草創期の出来事とみられます。

病床にあった母は既に豆腐を口にしたことがあって所望したものか、よく知らずに噂を耳にして、珍しい豆腐を所望したものか、いずれにしてもそのような境遇の中で発生した説話なのでしょう。

附則しますと、この連正寺は山形県湯殿山注連寺《ちゅうれんじ》の〝鉄門海上人《てつもんかいしょうにん》〟によって開山した寺と伝わります（鉄門海上人は即身仏《そくしんぶつ》となっています）。

その他の豆腐

高野豆腐の由来別説は、鎌倉時代に高野山の僧侶が精進料理として食べていた豆腐を外に置き忘れ、冬の寒さで凍ってしまい、翌朝溶かして食べてみて美味しかったことからはじまりました。江戸時代初期には氷豆腐と呼ばれていましたが、高野山でつくられる豆腐から高野豆腐と呼ばれ、信者の贈答や、高野山の土産として広まりました（木食応其《もくじきおうご》によって製法が完成したという）。一方、凍み豆腐は、信州や東北で鎌倉時代からの冬の食材として作られ、長野では武田信玄が保存の利く凍み豆腐を兵糧として確保しようとし、宮城では伊達政宗が兵糧研究の末に開発した説もあります。どちらも豆腐を凍らせた同じような作り方でしたが、江戸時代には凍った豆腐にお湯をかけて溶かし、水分を絞ってから乾燥させる高野豆腐と、自然乾燥させる凍み豆腐の製法に分かれました。凍ることで氷の結晶が豆腐の中にでき、溶けるとその部分が空洞になるため、スポンジ状になって水分が染み込む状態になるのが凍み豆腐の特徴です。

東北では〝凍み豆腐〟が一般的な呼称ですが、地域によっては〝連豆腐《れんどうふ》〟〝ちはや豆腐〟〝一夜凍り《いちやごお》〟とも。

六條豆腐《ろくじょうどうふ》は、豆腐を天日干しにして乾燥させた保存食品。六条、鹿茸、六浄などの文字が当てられることもある。

豆腐に塩をまぶして干したもので、飴色半透明の塊である。そのままでは硬くて歯が立たないので、ナタやカンナ等で薄く削って使用する。塩気の強い燻製のような食味で、湯葉のような上品な味わいと歯応えのある食感がある。珍味や酒の肴としてそのまま食する他、お湯で戻して吸い物や煮物、和え物などの具としても用いられる。仏僧や修験者に鰹節の代用として用いられたことから、精進節の別名がある。

京都の六條に由来するとされるが、現在製造販売しているのは山形県西村山郡西川町大字岩根沢の六浄本舗一社のみで、同社の商品名である六浄豆腐という表記のほうが知名度が高い。岩根沢は古来からの山岳信仰の出羽三山（月山、湯殿山、羽黒山）の主要な登り口となっており、三山参拝登山での掛け声〝六根清浄〟が〝六浄〟という名前の由来となっている。

六條豆腐は琉球にも伝わっており、六十《るくじゅう》の名で、食材としてではなく紅型《びんがた》の型紙を彫る際の下敷きとして転用されている。またかつてはイタミ六十《るくじゅう》と呼ばれる半発酵状態の干し豆腐が珍味として食されていた記録も残る。

奥州道中（奥州街道）

江戸時代の五街道のひとつとされた奥州道中は、江戸日本橋から宇都宮経由で白河までの街道であるが、元和《げんな》三（1617）年、日光廟（現栃木県日光市）造営後は日本橋から宇都宮間は日光道中の一分でもあるので、狭義の奥州道中は宇都宮以遠、白河までの街道をさす。享保《きょうほう》二〇（1735）年に道中奉行が出した触書では、白沢（現栃木県河内町）、氏家（現栃木県氏家町）、喜連川（現栃木県喜連川町）、佐久山・大田原（現栃木県大田原市）、鍋掛・越堀（栃木県黒磯市）、芦野（現栃木県那須町）、白坂（現福島県白河市）および白河の一〇宿を奥州道中の宿とする。初め奥州海道と表記したが、東海道以外は海道でないとして日光道中その他とともに奥州道中と改称されました。

五街道での奥州街道は白河の関までとなっていますが、さらに北の道中がなければ盛岡に辿り着きません。

江戸から盛岡までの道中の宿場を数えると93になります。

（旧国郡名　宿場町　現市町村名）

0	武蔵国豊島郡	日本橋	にほんばし	東京都中央区
1	武蔵国足立郡	千住宿	せんじゅ	東京都足立区
2	武蔵国足立郡	草加宿	そうか	埼玉県草加市
3	武蔵国埼玉郡	越ヶ谷宿	こしがや	埼玉県越谷市
4	武蔵国埼玉郡	粕壁宿	かすかべ	埼玉県春日部市
5	武蔵国葛飾郡	杉戸宿	すぎと	埼玉県杉戸町
6	武蔵国葛飾郡	幸手宿	さって	埼玉県幸手市
7	武蔵国葛飾郡	栗橋宿	くりはし	埼玉県久喜市
8	下総国葛飾郡	中田宿	なかた	茨城県古河市
9	下野国都賀郡	古河宿	こが	茨城県古河市
10	下野国都賀郡	野木宿	のぎ	栃木県野木町
11	下野国都賀郡	間々田宿	ままだ	栃木県小山市
12	下野国都賀郡	小山宿	おやま	栃木県小山市
13	下野国都賀郡	新田宿	しんでん	栃木県小山市

14 下野国都賀郡　小金井宿　こがねい　栃木県下野市
15 下野国都賀郡　石橋宿　いしばし　栃木県下野市
16 下野国河内郡　雀宮宿　すずめのみや　栃木県宇都宮市
17 下野国河内郡　宇都宮　うつのみや　栃木県宇都宮市　↓　日光御成街道
18 下野国河内郡　白沢　しらさわ　栃木県宇都宮市白沢町
19 下野国塩谷郡　氏家　うじいえ　栃木県さくら市
20 下野国塩谷郡　喜連川　きづれがわ　栃木県さくら市
21 下野国那須郡　佐久山　さくやま　栃木県大田原市佐久山
22 下野国那須郡　大田原　おおたわら　栃木県大田原市
23 下野国那須郡　鍋掛　なべかけ　栃木県那須塩原市
24 下野国那須郡　越堀　こしほり　栃木県那須塩原市
25 下野国那須郡　芦野　あしの　栃木県那須郡那須芦野
26 陸奥国白河郡　白坂　しらさか　福島県白河市
27 陸奥国白河郡　白河　しらかわ　福島県白河市
28 陸奥国白河郡　根田宿　ねだ　福島県白河市
29 陸奥国白河郡　小田川宿　こたがわ　福島県白河市

30 陸奥国白河郡 太田川宿 おおたがわ 福島県泉崎村
31 陸奥国白河郡 踏瀬宿 ふませ 福島県泉崎村
32 陸奥国白河郡 大和久宿 おおわく 福島県矢吹町
33 陸奥国白河郡 中畑新田宿 なかはたしんでん 福島県矢吹町
34 陸奥国白河郡 矢吹宿 やぶき 福島県矢吹町
35 岩代国岩瀬郡 久来石宿 くらいし 福島県鏡石町
36 岩代国岩瀬郡 笠石宿 かさいし 福島県鏡石町
37 岩代国岩瀬郡 須賀川宿 すがかわ 福島県須賀川市
38 岩代国安積郡 笹川宿 ささがわ 福島県郡山市
39 岩代国安積郡 日出山宿 ひでのやま 福島県郡山市
40 岩代国安積郡 小原田宿 こはらだ 福島県郡山市
41 岩代国安積郡 郡山宿 こおりやま 福島県郡山市
42 岩代国安積郡 福原宿 ふくはら 福島県郡山市
43 岩代国安積郡 日和田宿 ひわだ 福島県郡山市
44 岩代国安積郡 高倉宿 たかくら 福島県郡山市
45 岩代国安達郡 本宮宿 ほんぐう 福島県本宮市

46　岩代国安達郡　南杉田宿　みなみすぎた　福島県二本松市
47　岩代国安達郡　北杉田宿　きたすぎた　福島県二本松市
48　岩代国安達郡　二本松宿　にほんまつ　福島県二本松市
49　岩代国安達郡　二本柳宿　にほんやなぎ　福島県二本松市
50　岩代国信夫郡　八丁目宿　はっちょうめ　福島県福島市
51　岩代国信夫郡　若宮宿　わかみや　福島県福島市
52　岩代国信夫郡　清水町宿　しみずまち　福島県福島市
53　福島県信夫郡　福島宿　ふくしま　福島県福島市
54　岩代国信夫郡　瀬上宿　せのうえ　福島県福島市
55　岩代国伊達郡　桑折宿　こおり　福島県桑折町
56　岩代国伊達郡　藤田宿　ふじた　福島県国見町
57　岩代国伊達郡　貝田宿　かいだ　福島県国見町
58　磐城国刈田郡　越河宿　こすごう　宮城県白石市
59　磐城国刈田郡　斎川宿　さいかわ　宮城県白石市
60　磐城国刈田郡　白石宿　しらいし　宮城県白石市
61　磐城国刈田郡　宮宿　みや　宮城県蔵王町

62　陸前国柴田郡　金ケ瀬宿　かながせ　宮城県大河原町
63　陸前国柴田郡　大河原宿　おおがわら　宮城県大河原町
64　陸前国柴田郡　船迫宿　ふなばさま　宮城県柴田町
65　陸前国柴田郡　槻木宿　つきのき　宮城県柴田町
66　陸前国名取郡　岩沼宿　いわぬま　宮城県岩沼市
67　陸前国名取郡　増田宿　ますだ　宮城県名取市
68　陸前国名取郡　中田宿　なかた　宮城県仙台市
69　陸前国名取郡　長町宿　ながまち　宮城県仙台市
70　陸前国宮城郡　仙台宿　せんだい　宮城県仙台市
71　陸前国宮城郡　七北田宿　ななきた　宮城県仙台市
72　陸前国黒川郡　富谷宿　とみや　宮城県富谷市
73　陸前国黒川郡　吉岡宿　よしおか　宮城県大和町
74　陸前国志田郡　三本木宿　さんぼんぎ　宮城県大崎市
75　陸前国志田郡　古川宿　ふるかわ　宮城県大崎市
76　陸前国栗原郡　荒谷宿　あらや　宮城県大崎市
77　陸前国栗原郡　高清水宿　かしみず　宮城県栗原市

78 陸前国栗原郡 築館宿 つきだて 宮城県栗原市
79 陸前国栗原郡 宮野宿 みやの 宮城県栗原市
80 陸前国栗原郡 沢辺宿 さわべ 宮城県栗原市
81 陸前国栗原郡 金成宿 かんなり 宮城県栗原市
82 陸前国栗原郡 有壁宿 ありかべ 宮城県栗原市
83 陸中国磐井郡 一関宿 いちのせき 岩手県一関市
84 陸中国磐井郡 山目宿 やまのめ 岩手県一関市
85 陸中国胆沢郡 前沢宿 まえさわ 岩手県奥州市
86 陸中国胆沢郡 水沢宿 みずさわ 岩手県奥州市
87 陸中国胆沢郡 金ケ崎宿 かねがさき 岩手県金ケ崎町
88 陸中国和賀郡 鬼柳宿 おにやなぎ 岩手県北上市
89 陸中国和賀郡 黒沢尻宿 くろさわじり 岩手県北上市
90 陸中国稗貫郡 花巻宿 はなまき 岩手県花巻市
91 陸中国稗貫郡 石鳥谷宿 いしどりや 岩手県花巻市
92 陸中国紫波郡 日詰郡山宿 ひづめこおりやま 岩手県紫波町
93 陸中国岩手郡 盛岡宿 もりおか 岩手県盛岡市

歴代南部氏

初代　光行《みつゆき》
2代　實光《さねみつ》
3代　時實《ときざね》
4代　政光《まさみつ》
5代　宗經《むねつね》
6代　宗行《むねゆき》
7代　祐行《すけゆき》
8代　政連《まさつら》
9代　祐政《すけまさ》
10代　茂時《しげとき》
11代　信長《のぶなが》
12代　政行《まさゆき》
13代　守行《もりゆき》
14代　義政《よしまさ》
15代　政盛《まさもり》

16代　助政《すけまさ》
17代　光政《みつまさ》
18代　時政《ときまさ》
19代　通継《みちつぐ》
20代　信時《のぶとき》
21代　信義《のぶよし》
22代　政康《まさやす》
23代　安信《やすのぶ》
24代　晴政《はるまさ》
25代　晴継《はるつぐ》
26代　大膳大夫　信直《のぶなお》（盛岡藩主初代）
27代　信濃守　利直《としなお》（盛岡藩主二代）
28代　山城守　重直《しげなお》（盛岡藩主三代）
29代　大膳大夫　重信《しげのぶ》（盛岡藩主四代）
30代　信濃守　行信《ゆきのぶ》（盛岡藩主五代）

31代　備後守　信恩《のぶおき》（盛岡藩主六代）
32代　大膳大夫　利幹《としもと》（盛岡藩主七代）
33代　大膳大夫　利視《とし み》（盛岡藩主八代）
34代　大膳大夫　利雄《としかつ》（盛岡藩主九代）
35代　大膳大夫　利正《としまさ》（盛岡藩主十代）
36代　大膳大夫　利敬《としたか》（盛岡藩主十一代）
37代　大膳大夫　利用《としもち》（盛岡藩主十二代）
38代　信濃守　利済《としただ》（盛岡藩主十三代）
39代　甲斐守　利義《としとも》（盛岡藩主十四代）
40代　美濃守　利剛《としひさ》（盛岡藩主十五代）
41代　甲斐守　利恭《としゆき》（盛岡藩主十六代）
42代　利祥《としなが》
43代　利淳《としあつ》
44代　利英《としひで》
45代　利昭《としあき》

後序

盛岡の街は中央部で三本の河川《かせん》（北上川《きたかみがわ》・中津川《なかつがわ》・雫石川《しずくいしがわ》）が合流していて、このような環境に住んでいる私は、街の中心部を歩くことが日常で、橋を渡ることは常です。その度に上の橋や下の橋を通っては、目に着く〝擬宝珠《ぎぼし》〟は、いつも気になります。……この緑青《ろくしょう》が他のものより一層蒼《あお》くて傷の多い肌の擬宝珠は、銘（年代）に関係なく、特に初期のものなのだろう、などと思いながら歩いています。

城下町として、とくに下の橋越しに見える盛岡城の石垣がたまりません。

南部重直は、鷹狩り好きでこの盛岡周辺の野山をやたらと駆けまわったのだと思われますが、岩手山と川が流れるこの景色をどのように感じていたのでしょうか。江戸の街から見える富士山より、距離的には、はるかに近く感じられたであろう岩手山。信仰対象であった記録はありますが、南部歴代の藩主がこの景色をどのように感じていたか知りたいですね。

私が、思いがけずも〝豆腐〟を気にしはじめるのは、購入価格で盛岡が上位に並ぶことが話題になりはじめた頃で、上位になるには、何か理由があるに違いないはず。それは豆腐が関係する地蔵さんがあるからなのかもしれないと、以後、擬宝珠の次に気になるのは、覺山地蔵尊の説話でした。

城下町盛岡の庶民がはじめて〝豆腐〟を口にしたのは、規伯玄方が盛岡藩に配流された寛永《かんえい》一二（１６３５）年三月以降と思われ、早ければこの年内には盛岡での豆腐製造ができたのではないかと推測できます。

盛岡藩で豆腐の価格を決めたのは、正保《しょうほう》三（１６４６）年のことですから、その一一年という時間の間に盛岡に豆腐が普及したことになります。

伝承では、方長老（規伯玄方）の経験および知識による盛岡への文化伝播の功績の中に「豆腐の製造」を記すものがありません。しかしながら、味噌醤油の醸造は伝えられており、原材料が同じ大豆であることや、塩から苦汁《にがり》の関連性を考えると、豆腐を作ることができる環境にあったことは、間違いないと思われます。

藩内での大豆の入手および、苦汁の入手、そして水資源の豊かさから見ても、製造法の普及には、さほど時間は必要なかったことでしょう。

しかし、本文で記した通り、方長老が伝えたものは「寄せ豆腐」と考えられ、豆腐の価格設定時（正保《しょうほう》三・１６４６年）においては「一挺」と記していて、つまりは「一丁」で、これは四角い豆腐を示しており、覺山地蔵尊伝説に登場する「江戸豆腐」は、木綿豆腐であったと考えられるわけです。

そこに疑問がひとつ浮上するのは、なぜ「江戸豆腐」と呼ばれたのか。対比するものが無ければただの「豆腐」でよいと思われますが、これは、寄せ豆腐に対して木綿豆腐のことは「江戸豆腐」と呼んだのだと推察できます。

そして、重直が京都南禅寺で豆腐を食した可能性が考えられるのは寛永《かんえい》一一（１６３４）年のこと。南禅寺前の「奥の丹後屋」が創業したのは寛永一二

（1635）年です。

当時、江戸市中に出回っていた木綿豆腐が、盛岡で普及したのは期間を長くみても、この約一二年ほどの間の出来事と考えられるわけです。

結局、説話が事実であれ、なかれ、重直の存在によって方長老を厚遇したことにはじまり、栗山大膳の後押しもあり、江戸の豆腐屋を盛岡に呼び寄せることによって、盛岡に豆腐が知れ渡ったことは事実と信じています。それでも、試し切り役人の山野嘉右衛門と重直がどのようにして知り合ったかは、謎なんですけどね。

そのような事を頭に思い浮かべると、今後食べる豆腐の味は、いつもとちょっと違うかもしれません。

これを著していて、ホントに最後になってから思ったのは「豆腐が一丁二文」というのは、とんでもなく安価ではないかということ。これでは儲けが無いでしょう。重直が藩レベルで補助していたのでしょうか？　と、疑問が浮かびました。

覺山地蔵尊の説話に出逢って、何としても私は、地蔵尊の説話とその時代背景の噛み合わせの具合悪さが気になって、結局は、私の思うがままの想像にまかせて空白部分を補ってみましたが、いかがでしたでしょうか。

私がコロナ禍以前に、東京に行った際には人形町の宿に泊まるため、日本橋を渡るのが常でした。その場から見える景色の様子は変われど、そこを南部重直も、江戸の豆腐屋さんも歩いていたことでしょう。そんな感慨にふけることも力になり、覺山地蔵尊だけの説話探求に留まらず、このような内容に纏めてみましたが、江戸初期の記録を探ることは思いのほか困難で、それでも、そのような点を補うように、南部氏を辿り、折々の出来事を交えて綴ることができたことはとても幸いで、加えてムカデ姫の墓の説話も追うことができ、私が欲しかった本を誕生させることができました。

私の興味本位の我が儘《まま》に付き合ってくださいました光台寺様はじめ、覺山地蔵尊の計測を手伝っていただいたり、校正を手伝っていただいたりしました皆様等、執筆にあたり、関係各位の多大なご協力に深く感謝申しあげます。

この本を手にした豆腐好きの方が、盛岡を好きになりますように……

令和六（2024）年八月一五日

髙　橋　　智

おもな参考文献

南部史要　第四版　昭和47年5月1日　菊池悟朗　熊谷印刷出版部
南部史要　復刻版　平成10年10月30日　菊池悟朗　熊谷印刷出版部
南部叢書（一）　昭和45年10月31日　南部叢書刊行会　歴史図書社
岩手史叢　第一巻　内史略（一）　昭和48年4月20日　岩手県立図書館　岩手県文化財愛護協会
岩手史叢　第二巻　内史略（二）　昭和48年11月20日　岩手県立図書館　岩手県文化財愛護協会
岩手史叢　第三巻　内史略（三）　昭和49年6月20日　岩手県立図書館　岩手県文化財愛護協会
岩手史叢　第四巻　内史略（四）　昭和49年11月25日　岩手県立図書館　岩手県文化財愛護協会
岩手史叢　第五巻　内史略（五）　昭和50年8月1日　岩手県立図書館　岩手県文化財愛護協会
盛岡藩　雑書　第一巻　昭和61年2月5日　盛岡市教育委員会　盛岡市中央公民館
盛岡藩　雑書　第二巻　昭和62年7月25日　盛岡市教育委員会　盛岡市中央公民館
岩手県史　第五巻　近世編2　昭和38年1月30日　岩手県
もりおかの地名　平成2年3月　盛岡市生活環境課　盛岡市
岩槻御舊地探索秘記の世界　幻の南部領　２００９年10月10日　まつお十平　人文社
よくわかる盛岡の歴史　２０１６年8月18日　加藤章　高橋知己　藤井茂　八木光則　東京書籍株式会社
盛岡藩御狩り日記　江戸時代の野生動物誌　１９９４年4月1日　遠藤公男　講談社
シリーズ藩物語　盛岡藩　２０１９年9月30日　佐藤竜一　株式会社現代書館

シリーズ藩物語　山形藩　２０１５年8月15日　横山昭男　株式会社現代書館
家からみる江戸大名　南部家　盛岡藩　２０２３年5月1日　兼平賢弥　吉川弘文館
鷹狩の日本史　２０２１年2月25日　福田千鶴　武井弘一　勉誠出版㈱
鷹将軍と鶴の味噌汁　江戸の鳥の美食学　２０２１年8月10日　菅豊　講談社
古地図と地形図で発見！　江戸・東京の〈はじまり〉を歩く　２０２４年4月20日　荻窪圭　株式会社山川出版社
中公新書　吉原　昭和48年1月31日　石井良助　中央公論社
岩波文庫　日本切支丹宗門史　中巻　昭和37年11月20日　レオン・パジェス　岩波書店
盛岡市文化財シリーズ　第四十六集　自光坊の歴史　令和2年3月31日　誉田慶信　盛岡市教育委員会事務局　歴史文化課
食品知識ミニブックシリーズ　改訂2版　豆腐入門　令和4年9月30日　青山隆　日本食糧新聞社
豆腐読本　平成26年8月20日　豆腐検定検討委員会　一般財団法人全国豆腐連合会
もりおか物語　第5集　上田かいわい　平成10年10月23日　盛岡の歴史を語る会
もりおか物語　第7集　山岸・北山かいわい　平成18年12月25日　盛岡の歴史を語る会
南部盛岡藩参勤交代図巻　昭和61年5月10日　吉田義昭　旧盛岡藩士桑田
刀と日本人　もう一つの日本美　平成12年12月30日　小川和佑　株式会社光芒社
とうふの本　昭和49年6月20日　阿部狐柳　辻重光　柴田書店

他

盛岡藩 南部重直伝説

殿、江戸豆腐でございます。

2024年10月2日　初版第一刷発行

著者　高　橋　　智

発行　盛岡出版コミュニティー
〒020-0574 岩手県岩手郡雫石町鶯宿第9地割2-32
TEL&FAX：019-601-2212
E-mail：morioka-pc@chic.ocn.ne.jp

印刷・製本　杜陵高速印刷株式会社

定価はカバーに表示してあります。

ISBN978-4-904870-58-7 C0121